志麻さんのプレミアムな作りおき

志麻

ダイヤモンド社

目次

この本で使用した計量の単位は、1カップ=200mℓ、大さじ1=15mℓ、小さじ1=5mℓです。

材料の人数は、おおよその目安です。

電子レンジの加熱時間は、600Wを目安にしています。

はじめに

プロとして、一品一品、丁寧に

私は各ご家庭の台所に出向いて料理を作っています。滞在時間はかたづけまで含めて3時間。冷蔵庫にその日ある食材で1週間分の作りおきをします。「品数がほしい」という方には15品以上作りますし、「品数は少なくていいので、より本格的な料理が食べたい」という方にはそうします。いずれにしても、私が大切にしていることは、たとえ限られた時間と食材であっても、一品一品、丁寧に作ることです。

私は、日本とフランスの調理師専門学校に通い、フランスの三つ星レストランで修業した後、東京の有名フランス料理店で15年働きました。しかし、華やかな調理場に立つうちに、次第に「本当に作りたい料理は別にあるのかもしれない」という思いが頭をもたげてきたのです。それは、「家庭料理」でした。

私がフランスでいちばん感動したのは、華やかなレストランの料理ではなく、レストランのまかない料理、下宿先で出してもらった料理、友達が集まったときに作ってくれた料理でした。それまで私が抱いていたフランス料理のイメージとのギャップが大きかったせいかもしれません。フランス人がふだん食べている料理は気取らずシンプルなのに、豊かな味わいでした。その幸福な記憶が少しずつふくらんできたのでした。

作る時間より食べる時間を大切に

私の料理の原点は、祖母と母にあります。両親が共働きだったため、私は母方の祖母と多くの時間を過ごしました。祖母は質素な暮らしの中で、庭の花をいけたり、自分で収穫した野菜で料理したりしていました。その姿に、私は幼心にも豊かなものを感じていました。母からは、四季を大切にした料理や着付けなど、日本人としての感性を育まれたと思っています。その後、結婚したフランス人の夫の母は、元料理人で、4人の子どもを育て上げたパリジェンヌなのですが、彼女の料理がすばらしくおいしい。

私は日本にもフランスにも、家庭料理には同じようなシンプルな豊かさを感じています。フランスのお母さんたちが毎日作るような素朴で温かい料理や、祖母や母が作ってくれた懐かしい料理を作りたい。ですから、さまざまなご家庭でフランス家庭料理から和洋中、エスニック料理まで、幅広く作れるこの仕事にやりがいを感じています。

この本では、家族構成の異なる5軒のご家庭で、私の3時間の料理風景を詳しく紹介しました。作りおきがメインになっていますが、献立作りのアイデアや、おいしく作るコツを、できるだけわかりやすくお話ししたつもりです。たくさんの食材がなくても、珍しい調味料がなくても、手早くできる贅沢なレシピを、家庭でご堪能いただけたらと思います。

「作る時間より食べる時間を大切にする」これもフランス人に教わったことです。でも、働くお母さんやお父さんたちはそうしたくてもなかなか時間がないもの。この本が、今夜の献立に迷わなくなったり、段取り上手になって料理の手間が減ったりするお役に立ち、食卓でおしゃべりを楽しむ時間が少しでも増えたらうれしいです。家族みんなでささやかでも豊かな食卓を囲めますように。温かい時間を持てますように。それが、私の願いです。

2017年盛夏　志麻

A家の場合
30代前半の共働き夫婦と、幼い子ども2人の4人家族

小さな子どもと一緒にパクパク食べる幸せな献立は？

夫婦共働きで、小さい子ども2人を保育園に預けている核家族。出張料理の仕事を依頼される典型的な家庭だ。

どの家庭でも最初にするのは、冷蔵庫を開けてメニューを考えること。リクエストにこたえながら、各家庭の事情を考慮して献立を考える。A家のような家族構成でいちばん大切に考えるのは、野菜をバランスよく使い、子どもも大人も楽しめる料理。また離乳後期の1歳のお子さんのための料理も、いくつか作る。

［献立を考える］

主菜と副菜の組み合わせを頭に描きながら

冷蔵庫を見てまず考えるのは、主菜と副菜の組み合わせ。主菜が6～7品で、あとは副菜と、スープやみそ汁。時間に余裕があれば、デザートも作る。十数品をあれこれと少しずつ楽しむ家庭もあれば、メインと副菜を組み合わせて2～3品ずつ平らげる家庭もあるので、家庭の食事スタイルに合わせて融通をきかせる。

まず主菜を考える。主菜の材料として目をひくのは、4枚の鶏もも肉。鶏肉は、

まずは、
冷蔵庫チェック

NATURAL CHEESE
FRESH HERBS
パクチー
CORIANDER
ジャージー牛乳
特撰バター
CALPIS
鎌倉
熟成
ロースハム
エリンギ

冷蔵庫にあった食材

ご自分ではから揚げか照り焼きにすることが多いそうなので、今日は目先を変えてタンドリーチキンとマスタード焼きに。これはお兄ちゃんとご夫婦用で、1歳のお子さんには、すりおろしたじゃがいもを入れた、やわらかいハンバーグを作る。

バターがあるので、ホワイトソースを作る。バターと小麦粉と牛乳があれば、私はたいていホワイトソースを作っていくつかの料理に展開する。今日は、ゆで卵とほうれん草のグラタン、豚肉のシチュー、それとクロックムッシュに。ホワイトソースを手作りすれば、塩味や濃度が調節できて、離乳食にも使える。

味がしっかりした主菜が並んだので、副菜には、さっぱりしてみずみずしく、しかも日もちするサラダを考える。すぐ思いつくのは、キャロット・ラペ（にんじんのせん切りサラダ）だ。にんじんはたくさんあるので、どっさり作って何種類かの味にする。それと、にんじんポタージュも。どちらもこのお宅ではよく作り、特にポタージュはお子さんが1歳前の離乳初期からお気に入りだ。

［今日の献立］

主菜

・鶏もも肉のマスタード焼き（マスタードソースに漬け込んでオーブンに）
・ゆで卵とほうれん草のグラタン（手作りのホワイトソースで）
・タンドリーチキン（ヨーグルトベースのソースに漬けて、フライパンで焼く）
・ハンバーグ

パンにハムとチーズとホワイトソースをはさんで焼いたのが、クロックムッシュ。これに目玉焼きをのせれば「クロックマダム」

・豚肉のシチュー（豚こま切れ、にんじん、玉ねぎ、小松菜をホワイトソースで）

副菜

・キャロット・ラペ（基本のフランス風、タイ風、モロッコ風、ナムルの4種類）
・フライドポテト（いろんな切り方で楽しんで）
・きゅうりのヨーグルトサラダ（レモン汁をしぼって）
・クロックムッシュとクロックマダム

スープ

・にんじんのポタージュ
・スープ・ジュリエンヌ（細切り野菜のスープ。豚ひき肉でこくを出す）

デザート

・プリン

[段取りを考える]

デザートを最初に

最初に作るのはプリン。デザートは最初に作るか、あるいは最後に調理台をきれいにかたづけたあと作るようにしている。生の肉や魚を調理している途中でデザートを作るのは、衛生面を考えて避けたいからだ。

卵と牛乳があればプリンができる。私が身につけている基本分量は、卵3個に対して牛乳400mℓ、砂糖40g。フランス人は生クリームを入れるが、私はいつ

レモンをしぼるときは、種が入らないよう、手を添えて

しばらくおいて、ぎゅっと絞る

[キャロット・ラペのポイント]

キャロット・ラペは下味の塩が決め手。スライスしたら塩をふり、よくもみ込む

も牛乳だけ。それで充分おいしく、むしろ軽くて口に合うと言われることが多い。

プリンをフライパンで蒸しはじめたら、野菜や卵をゆでたり、ハンバーグに入れる玉ねぎを炒めたり、鶏肉をソースに漬け込んだりと、下ごしらえにとりかかる。

［料理スタート］

どこでも喜ばれるキャロット・ラペ

私は調理器具は持ち歩かない。でも、ただ一つ持っていくものがある。それはせん切り用のスライサーで、キャロット・ラペに欠かせない。手早くできるだけでなく、断面がデコボコするので、包丁でせん切りにするより味がしみ込みやすい。

キャロット・ラペの作り方はとてもシンプル。塩をしてよくもんで、しんなりしたらぎゅっと固く絞る。ポイントは、このときの塩加減。この時点で、食べておいしいと思う塩味にする。オイルやレモン汁を入れてから改めて味を調えようとすると、味が決まらなくなるからだ。そのときのにんじんのみずみずしさや、人によって塩加減の好みも違うから、「自分のちょうどよさ」を探してほしい。

おいしいポタージュの理由…50分経過

にんじんは、キャロット・ラペ用に切ったついでにポタージュ用にも薄切りにして、玉ねぎと一緒に炒め、そのあとコンソメ味でやわらかくなるまで煮る。

野菜のポタージュは人気があって、にんじんのほか、かぼちゃのポタージュも

キャロット・ラペで使うスライサー。
使いやすいのをずっと探していて、
ある大手スーパーで
ようやく見つけた

よく作る。おいしく作るコツは二つ。玉ねぎを焦がさないようにじっくり炒めて、玉ねぎの甘みを引き出すこと。それと、ブレンダーやミキサーにかけたあと、こすこと。面倒に思うかもしれないが、パリに住んでいる夫のお母さんを見ていると、これがなんでもない習慣になっている。こすひと手間で口当たりがまったく違う。特別なこし器はいらない。身近にあるざるでまったく問題ない。

ホワイトソースの失敗しない作り方…1時間20分経過

ホワイトソースをむずかしいと思っている人は多いようだけれど、いろいろな料理に使うから、ぜひマスターしてほしい。

作り方のコツは、小麦粉とバターをしっかり炒めたら、牛乳を加えるたびに、なめらかになるまで泡立て器で混ぜて、フツフツ沸くまで火を通すこと。こうするとダマになりにくい。

私はホワイトソースには塩をしない。混ぜ込む具のほうにしっかり味をつけるほうが、飽きない味になる。

オーブンを活用して、いろんな料理を気軽に…2時間経過

今日は、グラタン、鶏のマスタード焼き、クロックムッシュと、三つの料理にオーブンを使っていく。フランスでは一般家庭でも、ケーキやグラタンはもちろん、肉や魚もフライパンごとオーブンに入れて焼くし、煮込み料理も鍋ごとオーブン

ポタージュはミキサーにかけてからこす。専用のこし器がなくても、こんなみそこし器でも大丈夫

ほうれん草にゆで卵をゴロンとのせてホワイトソースをかけて、あとはオーブンに任せる

に入れている。日本の家庭でも、オーブンをもっと気軽に使えば料理のレパートリーが広がるし、オーブンに入れている間に他のことができて楽になると思う。

最後は、子どもが絶対に喜ぶフライドポテト。これは、フランス人も老若男女、大好物で、スナックとしてだけでなく、料理の付け合わせにもどっさり食べる。

保育園のお迎えから帰ってきたお母さんとお子さんが、冷蔵庫にプリンを見つけてにっこり笑う顔が浮かんで、私もにっこりしながらキッチンをかたづける。

［ホワイトソースのポイント］
小麦粉とバターをなめらかになるまでよく炒め（写真1、2）、牛乳を少しずつ加えながら（写真3）、そのつどなめらかになるまでよく混ぜる。最後にフツフツ沸かしてよく火を通す（写真4）

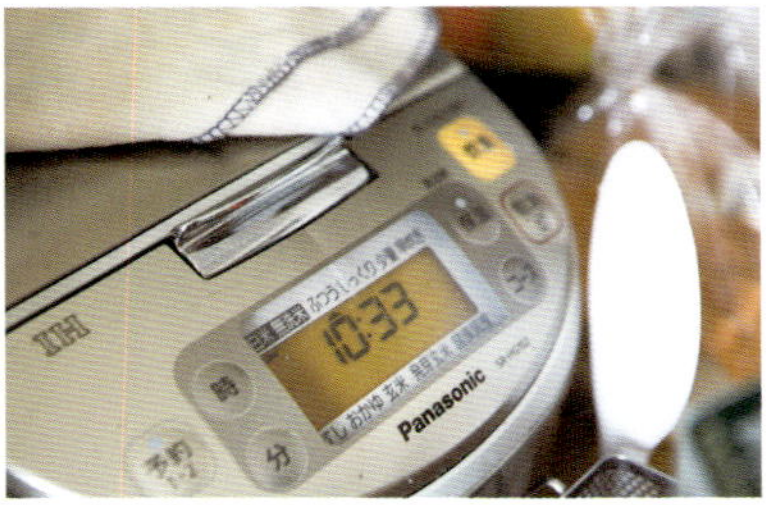

キッチンタイマーがあっても
プッシュする手間を省きたくて、
目に入るもので時間を見ることが多い。
炊飯器の窓で、卵のゆで時間をはかる

できました！
ホワイトソース
クロックムッシュ
キャロット・ラペ
（基本のフランス風、タイ風、
モロッコ風、ナムルの4種類）
作り方 p.90
クロックマダム
鶏もも肉の
マスタード焼き
作り方 p.16
フライドポテト
作り方 p.99

にんじんのポタージュ
作り方 p.92

ゆで卵と
ほうれん草のグラタン
作り方 p.18

豚肉のシチュー

タンドリーチキン
作り方 p.20

ハンバーグ

プリン
作り方 p.109

スープ・ジュリエンヌ

きゅうりの
ヨーグルトサラダ

鶏もも肉のマスタード焼き

**鶏肉のジューシーなおいしさがマスタードでぐっと引き立つ。
火が通ったマスタードは辛みが飛んで、子どもも喜ぶ味に**

材料（3〜4人分）
鶏もも肉　2枚（約600g）
塩、こしょう　各適量
ソース
- にんにく（すりおろす）　大1かけ分
- マスタード　大さじ4
- パセリ（みじん切り）　適量

オリーブ油または
サラダ油　適量

作り方

1 鶏もも肉は6〜8等分に切って、塩、こしょうをふる。ソースに入れるマスタードに塩分があるので、塩は控えめに。ソースの材料をボウルに合わせ、鶏肉を入れてよくもみ込み、30分以上漬ける。

2 天板にオーブンペーパーを敷いて鶏肉にソースをからめて並べ、油を回しかける（写真下）。200℃に温めておいたオーブンで約15分焼く。

MEMO
・左ページでは、ゆでたいんげんを添えた。
・マスタード焼きはフランスでよく作る料理。マスタードが鶏肉独特の臭みを消してくれる。
・粒マスタードを使う場合は、にんにくは入れず、はちみつを大さじ1足すとマイルドな仕上がりになる。

作りおきするとき
冷凍できる。食べるときは電子レンジで解凍して、そのままフライパンで温める。

ゆで卵とほうれん草のグラタン

ゆで卵のグラタンはフランスの家庭ではおなじみ。
おいしいホワイトソースがあれば、ありふれた材料で贅沢なおいしさになる

材料（5人分）

卵　5個
ほうれん草　1束
塩、こしょう　各適量
ホワイトソース　300mℓ
（作り方はこのページの下）
ピザ用チーズ　適量

作り方

1 卵をゆでる。沸騰した湯に入れて、半熟が好みなら6～7分、固ゆでが好みなら10分ゆでる。ほうれん草はゆでて水にとり、水気をよく絞って3～4cmの長さに切って塩、こしょうをふる。

2 耐熱皿にほうれん草を敷き詰め、殻をむいた卵を丸のまま並べる。ホワイトソースをかけ、チーズをたっぷりかけて、230℃に温めておいたオーブンで約10分焼く。

基本のホワイトソースの作り方

材料（でき上がりは約500mℓ分）

バター　50g
小麦粉　50g
牛乳　500mℓ

作り方（p.13の写真も参照）

1 鍋にバターを入れて弱火にかけ、すっかりとけたら、小麦粉を一度に入れる。泡立て器でよく混ぜながら中火で炒める。粉とバターが一体になって、さらさらになるまで火を通して粉気を取る。

2 牛乳を4～5回に分けて加える。加えるつど、手早くしっかり混ぜる。強めの中火くらいの火加減。3回目くらいまでは水分が少ないので、練るような感じで混ぜる。しっかりなめらかになるまで混ぜてから牛乳を加えていけば、ダマにならない。最後に、フツフツと沸かしてよく火を通す。

MEMO

・基本の分量は、少しかための仕上がり。クロックムッシュやシチュー、野菜が多いグラタンなどに合う。肉が多いグラタンなどのときは、牛乳を50～100mℓほど増やしてやわらかめに作る。

・ホワイトソースには塩をしないで、合わせる材料のほうにしっかり塩味をつけると、最後までおいしく食べられると思う。

作りおきするとき

冷凍で保存できる。小分けにして密封袋に入れて冷凍する。使うときは自然解凍。

タンドリーチキン

**身近な材料で本格的な味。
ソースに漬け込んだらフライパンで焼くだけ**

材料（3〜4人分）

鶏もも肉　2枚（約600g）
塩、こしょう　各適量
ソース
- プレーンヨーグルト　大さじ8
- ケチャップ　大さじ1
- 中濃ソース　大さじ1
- にんにく（すりおろす）　1かけ分
- しょうが（すりおろす）　1かけ分
- はちみつ　大さじ3
- カレー粉　大さじ1

オリーブ油または
サラダ油　適量

作り方

1 鶏もも肉は6〜8等分に切って、塩、こしょうをしっかりふっておく。

2 ソースの材料を合わせたボウル（写真下）に**1**を入れてよくもみ込み、1時間以上漬ける。

3 フライパンに油をひいて、鶏肉とソースを全部入れ、強火で水分を飛ばす（写真右）。鶏肉はときどき返す。

4 ソースが煮つまってきたら、鶏肉を焼きつけて、両面に香ばしい焼き色をつける。

MEMO

・左ページでは、ゆでたアスパラガスとブロッコリーを添えた。
・時間があれば2〜3時間漬けると味がよく入る。

作りおきするとき

・付け合わせた野菜と一緒に冷蔵保存した場合、温め直すときにタンドリーチキンは熱々に、野菜はふんわり温めるのがおすすめ。
・タンドリーチキンは冷凍できる。食べるときは電子レンジで解凍して、そのままレンジで温める。

AVRIL

B家の場合
40代の夫婦
2人暮らし。
奥さんは在宅で仕事

フランスの家庭料理を、日本の冷蔵庫にあるもので作る

依頼主の夫はフランス人。故郷の料理を楽しみたいというリクエストにこたえて、フランスの家庭料理を作る。フランス料理というと、凝ったソースのしゃれた料理を思い浮かべがちだが、それはあくまでもレストランの料理。家庭料理は材料も工程もとても素朴。鍋で煮ただけとか、オーブンで焼いただけといったものが多い。でも、それがとびきりにおいしい。今日作るのもそんな料理だ。

［献立を考える］

フランスの家庭の食卓に並ぶ、素朴で温かみのある料理

今日はうかがう前から、野菜スープを作ろうと思っていた。キャベツやにんじんや玉ねぎなど、どの家庭にもある野菜でできる「農家の野菜スープ」だ。

これは私のフランス料理の原点である。フランスの調理師学校でこのスープを習ったとき、ひと口食べたとたん、それまで勝手に抱いていたフランス料理のイメージが大きく変わったのだ。野菜のうまみに満ちたスープが体にしみわたり、

私が使っているブーケガルニ。
乾燥のタイムとローリエを
たこ糸で縛っている。
この二つのハーブで、フレンチの
煮込みが本格的な味になる

冷蔵庫にあった食材

こんなシンプルで温かみのある料理を作りたいと強く思った。

フランスの家庭料理は、塩とこしょうが基本だ。塩は、塩味をつけるだけでなく、素材から水分を出してうまみを凝縮させる。塩によって引き出された素材そのもののおいしさが、家庭料理の基本である。今日の「農家の野菜スープ」も、まさにこの「下味の塩」で立ち現れる野菜のおいしさだ。

まず、野菜を切って鍋に入れ、すぐに軽く塩をして弱火で炒める。すると、じわっと水分が出てくる。フランス料理で「汗をかかせる」と言われる調理法で、焦げないようにゆっくり炒めながら水分を出して、味を凝縮させるのだ。同時に、出た水分で野菜自身をやわらかくする。野菜のおいしさが100%生かされる。

冷蔵庫に、キャベツが丸ごと1個あった。キャベツは、常備しておきたい便利な野菜の一つ。比較的日もちするし、レシピのバリエーションが広がるし、とても使い勝手がいい。今日は、どの台所にもあるじゃがいもやにんじんと一緒に、ブレゼ（蒸し煮）に。ブレゼも、野菜自身の水分でじっくりと蒸し煮にして、野菜の持ち味を味わう、フランスの家庭では定番の調理法だ。

また、ざく切りにしたキャベツを、サーモンの白ワイン蒸しにたっぷり添える。この白ワイン蒸しは、電子レンジを使えば15分程度でできるフレンチだ。

ソーセージと分厚いベーコンがあるので、シュークルートを作る。塩漬けキャベツを燻製肉で煮込んだもので、これもフランス人が大好きな家庭料理だ。

サーモンの白ワイン蒸しを
保存容器に。
ゆでたキャベツを底に敷いて

［今日の献立］

主菜

・サーモンの白ワイン蒸し、レモンバターソース
・キャベツとベーコンのブレゼ（野菜を、じっくり蒸し煮）
・シュークルート（キャベツをマリネして、根菜とベーコンとソーセージで煮込む）
・鶏手羽元のクリーム煮（鶏肉と野菜を煮込んで生クリームで仕上げる）

副菜

・豚肉のリエット（豚バラ肉を白ワインで煮て、粗めにつぶす）
・ケーク・サレ（おかずになる塩味のケーキ。玉ねぎ、ほうれん草、ベーコン）
・にんじんのグラッセ
・サラダ・ニソワーズ（ゆで卵と、オリーブ、アンチョビなどが入った南仏風サラダ）
・トマトサラダ（玉ねぎ入りのフレンチドレッシングで）

スープ

・農家の野菜スープ（玉ねぎ、キャベツ、にんじん、じゃがいも、ベーコン）

［段取りを考える］

煮込み時間がかかるものから

まず、リエットから。豚バラ肉と玉ねぎをにんにくの香りをきかせて炒め、煮込んでいく。煮つまって焦げつかせないことだけ気をつけて、火にかけておけば

豚肉のリエットの仕上げ。豚バラ肉が煮えたら冷ましながらつぶす

形をそろえて切ると、火の通りが均一になる。鶏手羽元のクリーム煮に入れる、にんじん、玉ねぎ、にんにく

いい。その横で野菜の下ゆでとにんじんのグラッセを同時進行できる。リエットの肉は煮くずれするくらいまで1時間は火にかけることになる。時間はかかるが、手間は案外かからない。トーストしたパンを添えてお酒のつまみにしてもいいし、サンドイッチにしたり、ゆで野菜に添えたりと、いろんな使い方ができる。

ほかに時間をかけて火を通すといえば、鶏のクリーム煮だが、これも1時間くらいでできるし、野菜スープやケーク・サレも後半スタートで間に合う。サーモンの白ワイン蒸しは電子レンジを使って時短で作れる。あわてなくても大丈夫だ。

［料理スタート］

フランス人が大好物のシュークルート。キャベツのマリネから始める

丸ごとのキャベツはシュークルート、ブレゼ、野菜スープ、サーモンの白ワイン蒸しの四つに使うので、それぞれの切り方に切り分ける。シュークルートにする細切りキャベツは、塩と酢でマリネする。酢は米酢でもいいし、りんご酢だとフルーティ。フランスでは市販の塩漬けキャベツを使うが、日本ではあまり売っていない。そこで自分で漬けてみたら簡単にうまくいった。それ以来よく作る。

ざく切りにしたキャベツは、玉ねぎ、にんじん、じゃがいもなどどこの台所にもある野菜と一緒に鍋に重ねて入れ、蒸し煮にする。農家の野菜スープも同じ材料なので、同時にとりかかる。実は、A家で作ったスープ・ジュリエンヌ（写真

キャベツは、切り方を変えて4種類の料理に

p.15も、同じ野菜をごく細く切って繊細なスープに仕上げたもの。同じ材料でも、切り方でこんなに違う料理になる。

クリーム煮は、煮込みソースをこすだけでワンランク上の仕上がり…1時間10分経過

鶏手羽元のクリーム煮は、一緒に煮たにんじんや玉ねぎを、ざるでこしてつぶしてソースにする。フランス料理らしい、なめらかな仕上がりだ。鶏のクリーム煮は、フランスで修業した、レストラン「ジョルジュ・ブラン」の看板メニューで、休みの前日には煮込んだ残りが食べられるのが楽しみだった。今日作るのは、これを家庭でできるようにアレンジしたもの。生クリームがあれば家でも簡単に作れる、本格的な一品だ。

特別な材料や器具は、家庭料理に必要ない…2時間40分経過

最後にもう一品、トマトサラダを。シンプルにトマトだけのサラダだけれど、ごくごく薄くスライスすると、ふだんのくし形とは違う趣で、切り方がごちそうになる。フレンチドレッシングは、酢1：油3が私の基本の割合。これを覚えれば、気軽に手作りできる。今日はみじん切りの玉ねぎ入り。オイルはサラダ油、オリーブ油、グレープシードオイル、菜種油など、酸味も米酢、レモン汁、ワイ

トマトサラダ

トマトを薄くスライスしてサラダに

ンビネガーなど、その日の台所にあるものをいろいろ試してみるといいと思う。

おいしい家庭料理を作るのに特別な材料や器具はいらない。素材の味を丁寧に引き出すことを考えれば、おいしいものができる。私が訪問先の台所にある食材と道具だけで料理するのは、フランスで学んだそんな姿勢があるからだろうか。

1

2

3

4

5

[鶏手羽元のクリーム煮の作り方]

鶏手羽元に塩、こしょうをふってもみ込み、小麦粉をまぶして焼きつける(写真1)。鶏手羽元を別鍋に移し、代わりに玉ねぎ、にんじん、にんにくをフライパンに入れて炒め、小麦粉をふって軽く炒める(写真2)。鶏手羽元の鍋に野菜を移す。焼いたあとのフライパンに白ワインを入れて、鍋にこびりついた焦げを木べらでこそげ落とし、鶏手羽元の鍋に入れる。水、タイム、ローリエ、コンソメを加えて弱火でコトコト30分煮込む(写真3)。鶏手羽元を別鍋に取り出し、煮込み汁を野菜ごとこし入れる。野菜は押しつぶしながらこす(写真4)。鍋を火にかけて煮立て、生クリームを加えて軽く沸かし、味をみて、必要なら塩、こしょうで調える(写真5)。ゆでた野菜とバターライスを添える。バターライスは、みじん切りの玉ねぎと米(洗わない)をバターで炒め、米が透き通ったら、炊飯器に入れて普通に炊く。

サラダ・ニソワーズ
農家の野菜スープ
作り方p.34
にんじんのグラッセ
作り方p.93
キャベツとベーコンのブレゼ
作り方p.105
豚肉のリエット
作り方p.32

できました！

シュークルート
作り方 p.103
トマトサラダ
ケーク・サレ
作り方 p.96
バターライス
鶏手羽元のクリーム煮
サーモンの
白ワイン蒸し、
レモンバターソース
作り方 p.36

豚肉のリエット

脂身の多い豚バラ肉で。
手でつぶして粗めに仕上げた口当たりが素朴

材料（作りやすい分量）

豚バラ肉（かたまり）
400〜500g
玉ねぎ　½個
にんにく　2かけ
白ワイン　150㎖
塩、こしょう　各適量
コンソメキューブ　1個
タイム、ローリエ　各適量

作り方

1 豚肉は2〜3㎝角に切る。玉ねぎは薄切り、にんにくは芯を取って薄切りにする。

2 鍋に豚肉を入れ、塩、こしょうをふり、弱火でゆっくり焼く。豚肉から脂が出るので、鍋に油はひかない（写真右）。表面の色が変わったら、玉ねぎとにんにくを入れて、ときどき混ぜる。玉ねぎがしんなりしてきたら、白ワインを入れ、水を材料がかぶるくらい足して強火で沸騰させ、あくを取る。

3 コンソメキューブを入れて、あればタイムとローリエを入れ、ふたをして中〜弱火で煮込む。煮込み時間は1時間〜1時間半くらい。豚肉の赤身がホロホロにやわらかくなって水分がなくなったら、タイムとローリエを取り除き、ボウルに移す。

4 ボウルを氷水に当てて冷ましながら、豚肉を木べらでつぶす。仕上げにこしょうをふる。

MEMO

・フランスパン、クラッカーなどにぬって食べる。
・バラ肉は脂身と赤身が半々くらいの、脂身が多いものを選ぶ。
・煮た豚肉は、熱いうちにつぶしはじめる。ほうっておくと、脂が分離したまま固まってしまう。

作りおきするとき

冷凍できる。ラップで筒状に空気が入らないようにぴちっと巻いて冷凍。食べるときは、必要な分をラップごとカットして自然解凍する。

農家の野菜スープ

**台所にある野菜だけで、体のすみずみまでしみわたるおいしさに。
最初に野菜をじっくり炒めるのがコツ**

材料（4〜5人分）

玉ねぎ　1個
キャベツ　¼個
（または大きな葉5〜6枚）
にんじん　1本
じゃがいも　小2個
ベーコン（薄切り）　4〜5枚
コンソメキューブ　2〜3個
塩、こしょう　各適量
オリーブ油　適量

作り方

1 にんじん、じゃがいもは皮をむく。野菜はすべて小さい角切りにする。ベーコンも野菜と同じ大きさに切る。

2 鍋に油をひいて玉ねぎ、キャベツ、にんじんを入れ、軽く塩をして弱火でゆっくり炒める。野菜がしんなりしてきたら、すっかりかぶるくらいの水を入れて強火にし、沸騰させてあくを取る。コンソメキューブを加え、中〜弱火で煮る。

3 **2**の野菜がやわらかくなったら、じゃがいもとベーコンを加え、さらに10〜15分煮る。途中で水分が少なくなったら水を加える。仕上げにこしょうをふる。

MEMO

・野菜を大きめに切るとボリュームが出るし、細かく切れば繊細なスープになる。いずれも、形をそろえて切ると、火の通りが均一になり、見た目も美しい。
・大根やかぶ、ねぎ、白菜を入れてもおいしい。かぶは早く煮えるので、じゃがいもと同じタイミングで入れる。

サーモンの白ワイン蒸し、レモンバターソース

**15分でできる本格フレンチ。
レモンとバターの風味が味の決め手**

材料（2人分）

サーモンまたは生ざけ　2切れ
キャベツ　¼個
（または大きな葉5〜6枚）
塩、こしょう　各適量
レモンバターソース
- 玉ねぎ　¼個
- 白ワイン　100mℓ
- バター　30g
- レモン　½個

作り方

1 サーモンに塩、こしょうをふる。玉ねぎは薄切りにする。キャベツはざく切りにして、くたっとなるまでゆで、水気をきる。

2 耐熱皿に玉ねぎを敷き、サーモンを並べて白ワインをふる。ラップをかけて電子レンジに入れ、サーモンの中まで火が通るよう加熱する。電子レンジによって違うが、600Wで4〜5分を目安に。包丁の先を刺して、中心まで白くなっていたら火が通っている。必要があれば時間を追加する。

3 レモンバターソースを作る。**2**の皿からサーモンを取り出し、残った玉ねぎと煮汁をざるで小鍋にこし入れる。小鍋を火にかけて半量になるまで煮つめたら、バターを入れて混ぜながらとかす。火を止めてレモンをしぼる。

4 器にキャベツを盛りつけて、サーモンをのせ、**3**のソースをかける。

作りおきするとき

サーモンと野菜を一緒に密閉容器に入れ、冷蔵保存。食べるときは電子レンジで温める。

C家の場合

30代後半の共働き夫婦と小学生の女の子2人、70代の両親の6人家族

火口を使い回す段取り力が、作りおきの決め手

幼いお子さんから年配のご両親まで三世代のための献立作りが、このお宅でのテーマになる。今日はそれに加えて、ホームパーティの料理も依頼されている。

［献立を考える］
パーティ料理はフレンチで、作りおきは和洋中バランスよく

冷蔵庫にある食材だけで1週間分を作りおきするとき、和洋中の料理をバランスよく配分するようにしている。そうすれば、味にバラエティが出るだけでなく、使う調理器具も重なりにくい。

今日は、十数品作るうちの半分はホームパーティ用にフレンチで統一して、明日以降の家族の夕食用の作りおきは、和風や中国風のお惣菜を取り入れる。

パーティメニューから考えていく。主役になる料理が何か一つ必要だ。牛もも肉のかたまりが冷蔵庫に用意されていたので、メインはローストビーフ！

フランス人は、何かといえばすぐにホームパーティを開く。集まりだして3〜

豚バラ肉の角煮

たらとじゃがいものブランダード。
カリッと焼いたパンを添えて

冷蔵庫にあった食材

4時間はシャンパン片手に延々おしゃべり。メイン料理が出るのはそのあとだ。こんなぐあいだから、ワインとおしゃべりのつまみになる前菜がテーブルにいくつも並ぶ。今日もそんな感じで楽しんでもらおうと、前菜を数種類用意する。

一つは、たらの切り身でブランダード。じゃがいもとともに牛乳で煮てペースト状にしたもので、カリッと焼いたパンにぬって食べる。二つ目はキッシュ。三つ目は、食パンでちょっと変わったピザを。どちらも、冷めてもおいしい。

パーティには野菜料理も並べたい。ゆでたアスパラガスを、オランデーズソースで食べていただく。手作りのオランデーズソースのおいしさは格別だ。それと、パーティにデザートは欠かせない。板チョコ2枚で、すてきなチョコレートムースができる。これで、パーティのコースがひととおり組み立てられた。

残った材料で、家族のための作りおきを考える。正確に言うと、「残った」ではなく「残しておいたもの」だ。1週間の献立をしっかりしたものにするためには、最初にじっくり考えておかなくては。

［今日の献立］

パーティ料理

・ローストビーフ
・さばのエスカベッシュ（フランス風南蛮漬け）
・たらとじゃがいものブランダード（たらとじゃがいもを牛乳でペースト状に煮る）

チョコレートムースに
使うものはこれだけ。
チョコレートと卵と砂糖、
ボウル二つと泡立て器

・キッシュ（パイシートを使わずに）
・ピサラディエール（あめ色炒めの玉ねぎがソースのピザ）
・ゆで卵とゆで野菜のサラダ、オランデーズソース（アスパラガスとゆで卵）
・チョコレートムース（ブラックの板チョコで）

1週間の夕食用

・豚バラ肉の角煮（ゆで卵添え。豚バラ肉は、次のポトフ風スープと半量ずつ使う）
・ポトフ風スープ（豚肉や大根などの根菜を小さく切って）
・さばのみそ煮（パーティ用のエスカベッシュで使った残り半量をこっちに）
・にんじんと桜えびのかき揚げ（小麦粉と片栗粉半々の薄衣で）
・にんじんと大根の皮のきんぴら
・ほうれん草のごまあえ、ほうれん草のナムル（にんじん入り）
・鶏ささ身の梅あえ（ささ身は片栗粉をまぶしてゆでると、しっとり仕上がる）

［段取りを考える］

火口を段取りよく使う

限られた時間で料理を仕上げるには、火口の効率よい使い回しが決め手になる。コンロとオーブンと電子レンジをフル活用して、ゆでる、焼く、煮る、揚げるといった、違った調理法の献立を考える。

オーブンを使うなら、一度に2～3品の料理を作ると、2品目からは予熱の必

コンロで三つの料理が同時進行。
向こうはブランダード、
手前左は角煮、
フライパンではあめ色玉ねぎ

要がないので効率がいい。今日も、ブランダードに添えるパン、ピサラディエール、キッシュがオーブン行きだ。

ローストビーフは、普通はオーブンで焼く料理だが、火加減がデリケートで、オーブンから目が離せない。そこで、今日はフライパンで表面を焼きつけてから湯せんで火を通す。これは、真空調理というプロの技法を家庭で簡単にできるようにしたもので、オーブンを使うより失敗がないと思う。

［料理スタート］
かたまり肉は室温に戻しておく

まず、ローストビーフにする牛のかたまり肉を、冷蔵庫から出して室温に戻しておく。これは肉料理の鉄則だ。冷たいまま焼くと、表面が焼けても中心は生のままになる。

チョコレートムースにとりかかる。生クリームやカカオバターを入れるレシピもあるが、私はいつも、チョコレートと卵だけのいちばんシンプルなこのレシピで作っている。

万能調味料になるあめ色玉ねぎ。時間はかかるが手間いらず…15分経過

あめ色玉ねぎを作る。あめ色になるまで炒めた玉ねぎは、万能調味料だ。スー

［ローストビーフのポイント］
ローストビーフは、表面を焼きつけたあと湯せんで火を通す

プや肉料理の味のベースにと、いろいろ使える。玉ねぎをスライスしたら、電子レンジでしんなりさせてから炒めると、かなりの時短になる（詳しいレシピはp.94）。

残りの火口では、豚の角煮とブランダード。どちらもときどき様子を見ればいいから、できることをどんどん進めていく。

色づいた玉ねぎのいい匂い…30分経過

玉ねぎが色づきはじめた。ここからは、うっかりすると焦げついてしまうので、注意して見ていく。フライパンの壁についた焦げを玉ねぎでこすり落としていき、もし焦げつきそうになっても、水を少し足せば蒸気で焦げがストップする。

このあめ色玉ねぎは、作れるときに多めに作っておけば、あとはチーズとバゲットがあればオニオングラタンスープもすぐにできる。

火口とオーブンを最後まで使い回して…1時間30分経過

ポトフ風スープにかかる。角煮用にゆでているバラ肉を半分もらい、大根やにんじんや玉ねぎをすべて小さく切って鍋に。どの年齢にも食べやすく。

ローストビーフをスタート。火を入れたあと、すぐに切らずにしばらくそのまま保温して肉汁を落ち着かせるのも、中心をロゼに仕上げる重要なポイントだ。

残りの料理にとりかかる。せん切りにんじんは、かき揚げに。そのあとの油で、さばを揚げ焼きにしてエスカベッシュに。残りのさばはみそ煮にする。さっきオ

ブランダードの
材料を鍋に。
たらとじゃがいもと
つぶしたにんにく

角煮にする豚バラ肉は、
まず表面を焼きつけて脂を出す

ーブンに入れたピサラディエールが焼き上がったので、キッシュをオーブンに入れる。庫内が温まっているので、予熱なしで大丈夫。キッシュで残したほうれん草は、ごまあえとナムルに展開。ささ身は梅干しあえにする。にんじんと大根の皮は、きんぴらにする。

キッシュにきれいな焼き色がついてきた。冷凍パイシートがなかったので、小さいココットに入れて、かわいい1人分のキッシュにした。これがないとできないと思わず、なければないで自分のオリジナルを作るのも料理の楽しさだと思う。

［さばのエスカベッシュの作り方］

さばに塩をふり、小麦粉をつけて揚げ焼きにする（写真1）。鍋に白ワインと白ワインビネガー（米酢でも）、砂糖、ローリエ、赤とうがらしを入れて煮立て、玉ねぎと赤パプリカを入れ、砂糖が溶けたら火を止める（写真2）。これを、盛りつけたさばの上にかける

さばのエスカベッシュ

にんじんと桜えびのかき揚げ。
油に入れたらいじらず、
1回返すだけ。
平たくすれば、少ない油でも
パリッと揚がる

できました！

ローストビーフ
作り方 p.50

キッシュ
作り方 p.48

にんじんと
桜えびのかき揚げ

ゆで卵と
ゆで野菜のサラダ
オランデーズソース
作り方 p.108

チョコレートムース
作り方 p.52

鶏ささ身の梅あえ
たらとじゃがいものブランダード
ほうれん草のごまあえ
ほうれん草のナムル
さばのエスカベッシュ
豚バラ肉の角煮
さばのみそ煮
ピサラディエール
作り方p.95
にんじんと大根の皮のきんぴら
ポトフ風スープ

キッシュ

身近な食材でちょっとおしゃれな卵料理。
パイ生地もパイ皿も使わずに、耐熱皿で手軽に

材料（3人分）

ほうれん草　½束
玉ねぎ　½個
ベーコン（薄切り）　4〜5枚
サラダ油　適量
塩、こしょう　各適量
卵液
┌卵　2個
│牛乳　260mℓ
└塩、こしょう　各適量
パルメザンチーズ　適量

作り方

1 ほうれん草はゆで、水気を絞って3〜4cm長さに切る。玉ねぎは薄切り、ベーコンは細切りにする。

2 油をひいたフライパンに玉ねぎを入れて、軽く塩をふって炒める。透明になってしんなりしたらベーコンを入れて炒め、ほうれん草を最後に入れて塩、こしょうで味を調える。

3 ボウルに卵をとき、牛乳を加えて軽く塩、こしょうをふる。

4 耐熱の器に**2**を入れ、**3**を流し入れる。パルメザンチーズをふって、温めておいた200℃のオーブンで10〜15分焼く。

MEMO

左ページでは、小さめのココット5個に入れて焼いた。

ローストビーフ

オーブンを使わないから焼き加減に失敗しない。
切り分けるのは粗熱が取れてから

材料（4〜5人分）

牛もも肉（かたまり）　500g
塩、こしょう　各適量
サラダ油　適量
ソース
- 玉ねぎ　½個
- 赤ワイン　100mℓ
- コンソメキューブ　½個
- バター　30g

作り方

1 肉は冷蔵庫から出して1時間以上おき、室温に戻す。ソースの玉ねぎは、薄切りにする。

2 肉の表面全体にしっかり塩、こしょうをふり、手ですり込む。フライパンを充分に熱して油をひき、肉を入れて強火ですべての面にしっかり焼き色をつける。1面ずつ、動かさないで焼きつけ、全面が焼けたら取り出す。フライパンはあとでソースを作るので、そのままおいておく。

3 **2**の肉をラップで2重にぴちっとくるんでから密封袋に入れ、できるだけ空気を抜いて口を閉める。

4 大きめの鍋に**3**がすっかりかぶるくらいの湯を沸騰させ、**3**を入れる。肉が湯から出ないように、肉の上に鍋や皿をのせて、湯がポコポコ沸騰している火加減でゆでる。3分たったら火を止めて、湯につけたまま15分おく。湯から出して、さらにそのまま30分以上おく。

5 その間にソースを作る。**2**のフライパンにたまった脂を捨て、玉ねぎを入れる。透き通るくらいに炒めたら、赤ワインを入れて強火にかける。コンソメキューブと水大さじ2を加えて、木べらでフライパンについた焦げをこそげて、煮溶かす。¼量になるまで煮つめる。ざるで小鍋にこし入れ、玉ねぎは押しつぶしながらこす。小鍋を火にかけ、バターを入れて混ぜながらとかす。

6 冷めたら肉を袋から取り出してそぎ切りにし、**5**のソースを添える。

MEMO

左ページでは、イタリアンパセリを添えた。いんげんやブロッコリー、アスパラガスなどを、ゆでたりバターで炒めたりして添えても。

作りおきするとき

密封袋から出してラップを取り、表面の水分をペーパータオルでふき取る。かたまりのまま、新しいラップでぴちっと包んで、冷蔵庫へ。食べる分だけ切り分ける。

チョコレートムース

**板チョコと卵と砂糖ですぐに作れる、
魅力のデザート**

材料（4人分）

板チョコ（ブラック）
2枚（100g）
卵　3個
砂糖　大さじ1
ココアパウダー（好みで）
適量

作り方

1 鍋に湯を沸かす。板チョコを適当な大きさに割ってボウルに入れ、湯せんにかける（ボウルの底が鍋の熱湯に当たるように重ねる）。弱火にして、へらでときどきチョコレートを混ぜながら、なめらかになるまでとかす。

2 卵を卵白と卵黄に分ける。卵白は泡立て器で泡立てる。ふんわりしたら砂糖を加えて、角が立つまでさらに泡立てる。

3 卵黄は**1**のチョコレートに加えてよく混ぜる。

4 **3**に、**2**の卵白の⅓量を入れて泡立て器でしっかり混ぜてから、へらに持ちかえて底からすくい上げるようにして混ぜる。残りを2回に分けて、今度は泡をつぶさないように大きくすくうように混ぜる。

5 器に入れて冷やす。食べるときに、好みでココアパウダーをふる。

MEMO

・**4**でチョコレートに卵白を混ぜるとき、1回目はしっかり混ぜると、残りの卵白は泡がつぶれず均一に混ざる。
・2日以内で食べる。それ以上は冷凍に。

D家の場合
40代の共働き夫婦と、
小学生と中学生の
男の子が2人の4人家族

食べ盛り伸び盛りに、パワフルで、野菜もたっぷりな作りおきを

育ち盛りの男の子2人がいる、共働きのご夫婦の4人家族。旺盛な食欲を満足させながら栄養のバランスがとれた料理を作りたい。

［献立を考える］

知らず知らずに野菜が食べられるメニューを

成長期の子どものためには、肉料理と同じくらい野菜もたっぷり食べられる献立を考えたい。冷蔵庫には今日も豚肉、牛肉、合いびき肉、鶏肉と肉類が充実している。肉料理は和洋中の料理に使い分けると、自然と野菜がうまく組み合わさって、バランスがよくてバラエティに富んだ献立になる。

牛肉は男の子が好きなハヤシライスに、鶏肉はライス詰めとから揚げに。ライス詰めは、鶏肉にお米を詰めて焼く、豪華だが意外に簡単な一品だ。豚肉の薄切りはしょうが焼き。カツ用の豚肉は、厚みを生かして太い棒状に切り、酢豚に。合いびき肉もけっこうある。ロールキャベツ、マーボーなす、メンチカツにし

ピーマンがたくさんあるので、
ピーマンたっぷりのシンプルな酢豚を

野菜たっぷりのラタトゥイユは、
野菜の水分で煮込んでいく

冷蔵庫にあった食材

て使いきる。これらは煮る、炒める、揚げると調理法が違い、同じひき肉なのに見た目も味わいも違う料理になって、二つしかない火口も効率よく回せそうだ。

ボリューム満点の肉料理ばかりだが、野菜がたくさん入っている。メンチカツにはキャベツをたくさん混ぜ込むし、ロールキャベツはスープに野菜をたっぷり入れて煮る。知らず知らず、野菜もおいしく食べられるというわけである。

キャベツは1個半もあるので、コールスローをたくさん作る。明日や明後日も、味がさらにしみ込んでおいしく食べられる。しょうが焼きに添えるキャベツは、ざく切りにしてゆでて、焼いた肉の下に敷き詰める。時間がたつにつれて、たれがしみておいしくなる。**葉もの野菜は、ゆでるとたくさん食べられるのがいい。**

［今日の献立］

主菜

・鶏もも肉のライス詰めソテー（ゆでた米を詰めて皮目をパリパリに焼く）
・グラタン・ドゥフィノワ（じゃがいもだけのグラタン）
・ハヤシライス（ソースは、トマト缶と中濃ソースとケチャップで）
・ロールキャベツ（にんじん、玉ねぎ、いんげん、ソーセージも一緒に煮込む）
・鶏のから揚げ（時間がたっても味が落ちないように、とき卵もつける）
・豚肉のしょうが焼き
・酢豚（ピーマンたっぷりの、シンプル酢豚）

ロールキャベツ

・メンチカツ（キャベツをたくさん入れて）
・マーボーなす（春雨入り）

副菜

・ラタトゥイユ（夏野菜とトマト缶で）
・コールスロー（ハム入り。レモン汁とマヨネーズで）
・ポテトサラダ（さけフレークを入れて、手作りマヨネーズで）

スープ

・玉ねぎ丸ごとスープ（丸ごとをコンソメでコトコト煮る）

［段取りを考える］
火口二つを段取りよく使う

うかがう台所の広さや設備はさまざまだけれど、レストランの厨房も広いとは限らない。プロの動きから教わってきたことはいっぱいあった。

料理を始める前に、私はシンクの洗い物をかたづけ、何もない状態にする。料理をしている間も、使った器具をそのままにせず、どんどん洗い上げる。シンクで行う調理作業がたくさんあるからだ。ゆでたじゃがいもをお湯ごとざるにあける、塩をしたキャベツを絞るなど、シンクはもう一つの調理台といってもいい。シンクに何もない状態を心がけると、料理がはかどる。

今日の台所はコンロの火口が二つなので、熱源を上手に使う段取りを考えなく

調理の合間に
シンクをかたづける。
シンクに何もないと、
調理がはかどる

てはならない。コンロで野菜やお米をゆでて、スープにする丸ごとの玉ねぎと、ポテトサラダのじゃがいもは、電子レンジに。ロールキャベツやメンチカツ、から揚げは、「あとは煮るだけ揚げるだけ」に準備しておき、火口があいたときをねらう。

[料理スタート]

玉ねぎのスープから

丸ごとスープにする玉ねぎは、煮くずれせず味がしみ込むように、まず電子レンジである程度やわらかくする。コンロでは火口の一つで鶏に詰める米をゆで、一つでロールキャベツに使う葉をゆでる。キャベツは他の料理にも使うから、細切り、ざく切りと切り分ける。コールスロー用の細切りは塩をしてよくもむ。

ラタトゥイユは野菜のうまみをじっくり引き出して…30分経過

ラタトゥイユを作りはじめる。夏野菜たっぷりの定番フレンチだ。玉ねぎ、パプリカ、なす、ズッキーニと、火が入りにくいものから切って、オリーブ油をひいた鍋にどんどん入れる。このときに塩をして、軽く炒めながら野菜を追加していくのがおいしさのコツで、塩がそれぞれの野菜のうまみを出してくれる。

ラタトゥイユは日もちするし、一度にたくさん作っておけば、パスタのソース

ハヤシライスを煮込む。
デミグラス缶がなかったので、
トマト缶と中濃ソースで

や魚や鶏肉のソテーの付け合わせにもなる。パンに薄くぬってチーズをのせて焼いてもいいし、冷たくしてポーチドエッグをのせてもいい。

フランス人は誰でも自分流のラタトゥイユの作り方がある。野菜を小さい角切りにしたり、薄くスライスしてグラタン皿に敷き重ねてオーブンで焼いたり。さっと煮てさっぱり仕上げるのが好みの人もいるし、くたくた煮が好きな人もいる。私が気をつけているのは、大きさをそろえて野菜を切ること。ラタトゥイユに限らず、材料の大きさや形をそろえると、火の通りがそろうし見た目も美しい。ちょっと気にするだけで、その効果は絶大だ。

肉のダブル使いでおいしさの相乗効果…1時間15分経過

男の子がパクッとかぶりつく姿を思い浮かべて、メンチカツは大きめに。ロールキャベツはこんもり丸く巻いた。どちらも、ひき肉がよく粘るまで練るのがコツ。

ロールキャベツは、スープで煮込むときに玉ねぎやにんじんを一緒に煮込んで、野菜たっぷりにした。ソーセージも加えたのは、食べごたえが増すだけではない。複数の肉を組み合わせると、スープが掛け算のおいしさになる。

鶏肉をフレンチのごちそうに…2時間経過

鶏もも肉のライス詰めは、皮と身の間にゆでた米を詰めて焼くだけだが、肉の

ロールキャベツ。
小さい葉は内側に
重ねて巻き、
たこ糸でくくる

うまみを米が吸って、皮はパリパリに、身はしっとり焼き上がり、テーブルで切り分けたときのインパクトとも相まって、「いつもの鶏肉がこんな凝った料理に!?」と驚かれることが多い。私の夫は、この料理を「プーレ・シュプリーズ（びっくり鶏）」と呼んで楽しみにしてくれている。
でき上がった品々をテーブルに置くと、おなかをすかせた子どもたちの顔がパッと輝くのが目に浮かぶ。野菜もたくさん召し上がれ。

［鶏もも肉のライス詰めソテーのポイント］

米を詰めた鶏は、重しをして皮目をこんがり焼く

皮目を弱火でじっくり焼くと、余分な脂が抜けてパリパリになる

［鶏のから揚げのポイント］

から揚げは少ない油で揚げられる。油に入れたらいじらないで、裏が揚がったら返す

コールスロー
作り方 p.102
ロールキャベツ
ポテトサラダ
作り方 p.98
豚肉のしょうが焼き
メンチカツ
作り方 p.104
ハヤシライス
作り方 p.106
グラタン・ドゥフィノワ
作り方 p.68

できました！
マーボーなす
ラタトゥイユ
作り方 p.64
酢豚
玉ねぎ丸ごとスープ
作り方 p.97
鶏のから揚げ
鶏もも肉の
ライス詰めソテー
作り方 p.66

ラタトゥイユ

野菜どっさりの、南フランスの煮込み料理。
夏野菜がお店に並んだらぜひ作りたい

材料（4〜5人分）

玉ねぎ　1個
黄・赤パプリカ　各1個
なす　2本
ズッキーニ　2本
トマト缶　1缶（400g）
塩、こしょう　各適量
オリーブ油　適量
タイム、ローリエ　各適量
砂糖　適量

作り方

1 玉ねぎとパプリカは、くし形に切る。なすとズッキーニは、いずれも皮を縞目にむいて1cmの輪切りにする。

2 鍋に油を熱し、**1**の野菜を入れて塩をふり、炒める。缶のトマトをつぶしながら、汁ごと入れる（p.106 MEMO参照）。タイムとローリエを入れて、ふたをして弱火でコトコト煮る。途中でときどき混ぜる。野菜がやわらかくならないうちに煮つまってしまったら、水を足す。

3 野菜の形が残るくらいに煮てもいいし、くたくたになるまで煮てもいい。塩とこしょうで味を調える。トマトの酸味が強ければ、砂糖をひとつまみからふたつまみ入れる。

MEMO

にんにくを入れないラタトゥイユなので、さっぱりした味に仕上がっている。にんにくを入れるとこくが出る。にんにくは、半分に切って芯を取って包丁の平《ひら》でつぶし、**2**で野菜と一緒に入れる。

鶏もも肉のライス詰めソテー

**お米に鶏肉のうまみがしみ込んで、
皮がパリパリで香ばしくて、大満足のごちそう**

材料（4人分）

鶏もも肉　2枚（約600g）
米　1カップ（200mℓ）
塩、こしょう　各適量
サラダ油　適量

作り方

1 米は洗う。鍋にたっぷりの熱湯を沸かし、米を入れて芯がなくなるまで12〜13分ゆでる。ざるにとり、流水でもみ洗いしてぬめりを取り、水気をよくきる。

2 鶏もも肉の皮と身の間に手を入れて開き、**1**を詰める（写真右）。

3 つまようじを何本か使って、縫うようにして口を閉じる。身の側の破れているところも同じように縫って閉じ、詰めた米が出てこないようにする。両面に塩、こしょうする。

4 フライパンに油をひいて火にかけ、鶏肉を皮目を下にして入れ、重しをする。動かさずに弱火でじっくり焼く。

5 表面の身の縁が白くなってきたら、皮目はこんがり焼けているので、返して身の側も焼く。このとき重しは取る。中まで火が通ったら取り出し、粗熱を取って切り分け、盛りつける。好みでこしょうをふる。

MEMO

・左ページでは、ミニトマトを添えた。

・皮目がむらなくパリパリに焼けているのがこの料理の身上。底の面積が広い鍋や器に水を入れて重しにし、皮を平たくのばして焼く（p.61写真参照）。

・弱火でじっくり火を通し、余分な脂を落としてパリパリに焼く。また、ときどきフライパンの位置を動かしてまんべんなく焼く。焼き時間は皮目が8割、身は2割の目安にすると、皮はパリッと身はふっくら焼ける。

・p.64のラタトゥイユをソース代わりに添えてもいい。

グラタン・ドゥフィノワ

じゃがいもだけのグラタン。冷蔵庫にいつもある牛乳で作って、クリーミーだけれど軽い口当たりに

材料（3～4人分）

じゃがいも（メークイン）　5個
にんにく　1かけ
牛乳　400㎖
塩、こしょう　各適量
パルメザンチーズまたは
　ピザ用チーズ　適量

作り方

1 じゃがいもは皮をむいて5㎜厚さの輪切りにする。水にさらさない。にんにくは皮をむいて包丁の平で押しつぶす。

2 じゃがいもを鍋に入れて牛乳を注ぎ、火にかける。煮立ったらにんにくを入れて、塩、こしょうする。じゃがいもに包丁の先を刺してすっと通るくらいのやわらかさになるまで煮る。やわらかくしすぎると、全部が煮くずれしてしまう。

3 煮つまったら火を止め、じゃがいもをグラタン皿に並べる。煮くずれしたじゃがいもは下に敷き、形がきれいなものを表面に並べる。鍋に残った煮汁をかけて、チーズをふり、230℃に温めておいたオーブンで約10分、表面にこんがり焼き色がつくまで焼く。

MEMO

フランス南東部のドゥフィネ地方の郷土料理。本来は生クリームを使うけれど、これは牛乳だけで作る。濃度を出すために、じゃがいもは水にさらさない。

E家の場合
シングルマザーと、中学生の娘さんの2人家族

少ない材料で多彩な料理を作る

レストランの厨房では、設備も材料も調味料も最高の条件で料理を作っていたが、今は、その日にうかがう台所にある食材と道具だけで作る。ふだん使わないものを買っておいてもらうのは気が進まないし、その家にいつもある食材で作るのが、結局はその家庭にとっていちばんおいしいものになると思うからだ。

冷蔵庫の中は、家庭によってさまざまだ。食材がたくさんあれば、もちろんいろいろ作れるけれど、もし少ししかなかったら？ そんな場合でも、たくさん作ってあげたい。こんなとき、私はいちばんファイトがわく。

さて、Eさんはフルタイムで忙しく働いているお母さん。今日の冷蔵庫は、ここ何日も買い物に行く暇もなかったと想像できる。ファイトがわく冷蔵庫だ。

［献立を考える］

この材料で1週間分の献立？

少ない材料をどうやって使おうか？ 冷蔵庫の外にある、日もちする根菜や芋類。そして缶詰や乾物も使って……などと考えをめぐらす。

肉類は、冷凍庫に豚肉の薄切りと肩ロースのかたまり、そして合いびき肉。冷蔵庫にソーセージとハム。野菜は、玉ねぎ、じゃがいも、にんじん。そのほかに

玉ねぎをいくつもの料理に使う。皮をむいてスタンバイ

冷蔵庫にあった食材

は、きゅうりとミニトマトだけ。葉ものがない。たしかに食材のバラエティに乏しいが、大丈夫、これだけあれば充分いろんな料理が作れる。

いつもなら肉や魚のメイン料理から決めて、それに合わせて副菜を組み合わせていく。しかし今日は材料が限られていて、むずかしい。さてどうするか。

じゃがいもがたくさんあったので、じゃがいもの上手な使い方から考えることにする。こういうときは、ゆでるなら、揚げるなら、焼くなら、というぐあいに調理法から考えはじめるのも一つの方法だ。

次に、ボリュームあるメイン料理を考える。黒ビールが数缶あったので、豚のかたまり肉をビール煮にすることに。豚肉を焼きつけてビールで煮込む、深みのある料理だ。煮込み料理が一品あれば、ほっこりと豊かな気分になれる。

常備しておいて便利なのがトマト缶。このお宅にもある。炒めた玉ねぎと一緒に煮つめれば、鶏や豚のソテーやパスタのソースになる。今日はトマトスープを作る。

米でサラダとデザートを。日本の家庭に、まずお米はあるだろう。米も立派な料理の素材。世界各地の使い方を取り入れたら、主食以外のおいしさを楽しめる。

［今日の献立］

主菜

・豚肉のビール煮（豚肉を黒ビールでじっくり煮込む）

米はたっぷりの熱湯でゆで、ぬめりを取ってよく水気をきる

・アッシ・パルマンティエ（ミートソースにじゃがいものピュレを重ねて焼く）
・ジャーマンポテト（じゃがいもとソーセージと玉ねぎ）
・豚肉のチーズ巻き（豚薄切り肉にハムとチーズを巻いてパン粉をつけて揚げる）
・コロッケ

副菜

・お米のニース風サラダ（米、卵、きゅうり、オリーブ、アンチョビ）
・じゃがいものピュレ（じゃがいものマッシュ。これだけで満足な野菜料理）
・じゃがいものガレット（細く切って、フライパンに敷き詰めて焼く）
・玉ねぎとにんじんのピクルス
・ミニトマトのはちみつ漬け（デザートとしても）

スープ

・オニオンスープ（あめ色に炒めた玉ねぎをコンソメ味で煮る）
・冷製トマトスープ（トマト缶で）

デザート

・お米のミルク煮（米を牛乳と砂糖で煮る）

［段取りを考える］

時間がかかるものからスタート

時間がかかるのは、豚肉のビール煮。豚肉のビール煮には、あめ色になるまで

豚肉のビール煮。ビールを入れて沸騰したら、あくを取る

コンロでは、玉ねぎを炒め、卵と米をゆでる。ゆで卵はお米のニース風サラダに、ゆでたお米はミルク煮とサラダに

炒めた玉ねぎを入れるので、この玉ねぎ炒めからスタートする。

同時に、ミルク煮とサラダに使う米をゆで、ミートソースも作りはじめる。ミートソースができたら、じゃがいものピュレを重ねてオーブンに入れ、一段落。あとはサラダやピクルスなど細かいものを作りながら、豚肉のチーズ巻きとコロッケを準備し、どちらもあとは揚げるだけの状態に。揚げるのは最後で、最初に豚肉のチーズ巻き、次にコロッケと、油汚れの少ないものから揚げていく。

［料理スタート］

玉ねぎをあめ色に炒めて、二つの料理に

豚肉のビール煮は、よく炒めた玉ねぎのうまみがベースだ。玉ねぎを炒めている間、かたわらで、米や卵や、ピュレ用のじゃがいもをゆでたり、材料を切ったりと、ほかの下準備も進めていける。

あめ色玉ねぎはさまざまな料理に使えて便利なもので、今日はこれでもう一品、オニオンスープも作る。あめ色玉ねぎをコンソメで煮るだけだから、とても簡単。

じゃがいもで5品…40分経過

じゃがいも料理にとりかかる。「ゆでる」「揚げる」「焼く」の調理法別に紹介すると、まず「ゆでる」料理としては、じゃがいもをゆでてつぶしたピュレ（マッシュポテト）だ。このまま一品として出せるし、今日はさらに、合いびき肉で

［じゃがいものピュレのポイント］

専用のこし器がなくても、いつも使っているざるで大丈夫（写真1）。牛乳を加えるたびによく混ぜ、なめらかにする（写真2）

ミートソースを作ってこのピュレと合わせ、アッシ・パルマンティエというグラタンも作る。この料理はフランス版肉じゃがといったところで、フランスの代表的な家庭料理だ。

次に、「揚げる」といえばコロッケ。合いびき肉をミートソースで使いきらずに、コロッケにも回す。肉屋さんのコロッケのようなほのかに甘く懐かしい味にする。

「焼く」料理としては、ガレット。細く切ったじゃがいもをフライパンにぎっしり詰めて、丸くこんがり焼く。パリパリのきつね色になったじゃがいもはとても香ばしく、レストランで付け合わせとしてもよく出てくる。今日はじゃがいもだけで作るが、ベーコンとチーズをはさんで焼いてもいい。パリッと割ったら、中からチーズがとろりと出てくる。

「焼く」料理はもう一つ、玉ねぎとソーセージと一緒に炒めて、ジャーマンポテトも作る。**じゃがいもは、本当に頼りになる！**

日もちする常備野菜で、おいしい料理がいくつもできる…2時間20分経過

玉ねぎをピクルスに。さわやかな味わいと歯ごたえで、炒めたり煮たりした玉ねぎとは違う、まったく別のおいしさだ。**玉ねぎも、頼りになる！**

買い物に行けなくても、常備している材料でおいしい料理が作れることを、この家庭の例で知っていただけたらと思う。そんな日のために常備しておきたいの

じゃがいものガレット完成

じゃがいものガレットは、じゃがいもを押しつけながら焼く

が、じゃがいも、玉ねぎ、にんじん。日もちするし、さまざまな調理法で和洋中と展開できるから、頼りになる。

4

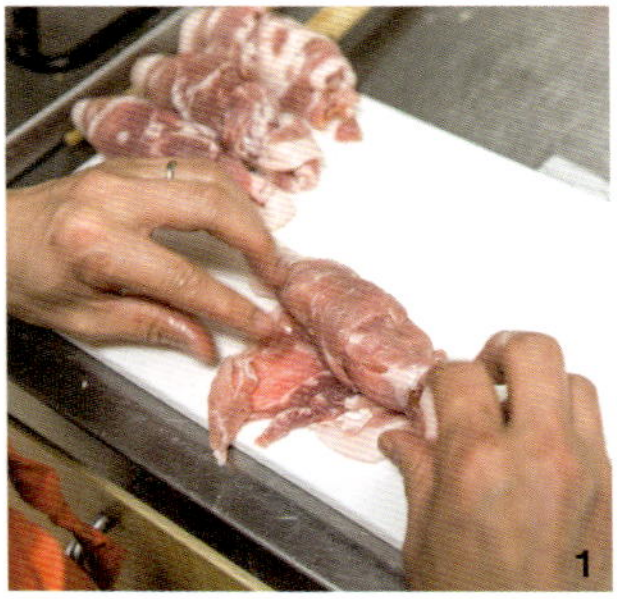

1

5

2

［豚肉のチーズ巻きの作り方］

豚薄切り肉でハムとチーズを巻く。薄切り肉は形がふぞろいなので、2〜3枚を重ねて巻くと破れ目がなく、きれいに巻ける（写真1、2）。それに小麦粉、とき卵、パン粉をまぶし、少量の油に入れて、上下を返しながら焼くように揚げる（写真3）。揚げ物受けは、米の水きりに使ったざる（写真4）。切って盛りつける（写真5）。

3

料理がすべて完成したら、
キッチンをかたづけてきれいに磨く。
すがすがしい気分

コロッケ
お米のミルク煮
作り方 p.84
豚肉のビール煮
作り方 p.82
じゃがいものガレット
じゃがいものピュレ
作り方 p.100
玉ねぎと
にんじんのピクルス

できました！
お米のニース風サラダ
作り方 p.80
冷製トマトスープ
ジャーマンポテト
豚肉のチーズ巻き
ミニトマトのはちみつ漬け
アッシ・パルマンティエ
作り方 p.101
オニオンスープ
作り方 p.94

お米のニース風サラダ

**ゆでたお米を野菜とドレッシングであえて、
ショートパスタ感覚で楽しむサラダ**

材料（3〜4人分）

米　1カップ（200㎖）
卵　1個
ミニトマト　4〜6個
アンチョビ（フィレ）　2枚
オリーブ（種抜き）　4〜6粒

A
- きゅうり　2本
- ツナ缶　2缶（140g）
- レモン汁　½〜1個分
- 塩、こしょう　各適量
- オリーブ油　大さじ1

作り方

1　米は洗う。鍋にたっぷりの熱湯を沸かし、米を入れて芯がなくなるまで12〜13分ゆでる。ざるにとり、流水でもみ洗いするようにしてぬめりを取り、よく水気をきる。

2　卵は沸騰した湯で12〜13分ゆでて固ゆでにし、八つに切る。ミニトマトは半分に切る。アンチョビは四つに切り、オリーブは輪切りにする。きゅうりは小さな角切りに。

3　ボウルに**A**を混ぜる。ツナ缶は、水煮なら水気を絞って。油漬けなら漬け油も加えて、漬け油とオリーブ油を合わせて大さじ1にする。塩はツナのしょっぱさをみて加減する。

4　**3**に**1**を入れて混ぜる。器に盛り、ゆで卵、ミニトマト、アンチョビ、オリーブを飾る。

MEMO

・冷凍あるいはレトルトパックのご飯を使ってもいい。その場合は、いったん電子レンジで温めてから、ざるにとって流水を注ぎながらぬめりを取り、水気をきって使う。
・具は自由に。ほかに、パプリカやピーマン、セロリ、玉ねぎなども。ツナ缶のほかに、さば缶やさけのフレーク缶でも。

豚肉のビール煮

ビールでじっくり煮込んだ豚肉がやわらかくて、ほろ苦く深みのあるソースが格別

材料（4〜5人分）

豚肩ロース肉（かたまり）　800g
玉ねぎ　3個
ベーコン（薄切り）　4〜5枚
塩、こしょう　各適量
サラダ油　適量
黒ビール　2缶（700㎖）
砂糖　大さじ2
タイム、ローリエ　各適量
マスタード　大さじ1

作り方

1 玉ねぎは、p.94を参照して、あめ色に炒める。

2 豚かたまり肉は5〜6cm角に切って、塩、こしょうをよくもみ込む。油をひいたフライパンで、すべての面を焼きつける。

3 鍋に**1**のあめ色玉ねぎ、**2**の豚肉、細切りにしたベーコンを入れる。

4 豚肉を焼いたあとのフライパンにたまった脂を捨てて火にかけ、黒ビールを少量入れて、こびりついた肉汁を木べらでこそげ落とし、**3**の鍋に入れる。残りのビールも鍋に入れ、強火にかける（写真右）。ビールで豚肉がすっかりかぶらなければ、水を足す。

5 あくが出てくるので取り除き、砂糖、タイム、ローリエを入れて、中〜弱火で2時間くらいコトコト煮込む。

6 ソースが煮つまってとろみがついたら、マスタードを入れて一度沸かす。味をみて、塩気が足りなければ塩を、甘みが足りなければ砂糖を足す。

お米のミルク煮

うっとり甘くてやさしいデザート。
冷たくてなめらかな舌ざわりがおいしい

材料（4〜6人分）

米　½カップ（100mℓ）
牛乳　550mℓ
砂糖　50g
バニラビーンズ　1本
ジャム　適量

作り方

1　米は洗う。鍋にたっぷりの熱湯を沸かし、米を入れて、芯がなくなるまで12〜13分ゆでる。ざるにとり、流水でもみ洗いしてぬめりを取り、よく水気をきる。

2　**1**を鍋に入れ、牛乳を約半量入れる。このとき米がすっかりつかるくらいの鍋を使う。砂糖を入れてよく混ぜ、火にかける。バニラビーンズは種をこそげて鍋に入れ、さやも入れる。

3　ときどきへらで混ぜながら、弱火で煮る。

4　牛乳が煮つまって米が表面に出てきたら、残りの牛乳を入れて弱火のまま煮る。途中ときどき混ぜながら、30分くらいかけて煮つめる。煮つまってくると焦げやすくなるので、鍋底から混ぜる。

5　鍋の底を氷を入れたボウルに当てて冷やす。へらで混ぜながら、均一に冷やし、牛乳（分量外）を加えて好みのかたさにする。

6　器に盛り、ジャムを添える。

MEMO

・バニラビーンズの代わりにバニラエッセンスやバニラオイルを使うときは、**4**の仕上げに加える。
・作り方**5**で、冷やすと固まるので、牛乳でのばす。100mℓくらいが目安。

冷蔵庫にあるもので、最高のごちそうを

その日の冷蔵庫にある食材で、
3時間に十数品、というと、
まるで魔法使いのようだと
驚かれたことがありましたが、
決してそんなことはないのです。
ただおいしいものを手早く作るために、
無駄なものを削り落とし、
手をかけるところでは
手間を惜しまない工夫をしているだけです。
そしてそれらは、フランス料理の
レストランの厨房で身につけたコツや、
パリに住む夫の母の台所で知った
知恵などがもとになっています。

計量スプーンに
頼る代わりに、
味見は欠かせない

おいしさの秘訣

[下味の塩で味が変わる]

余分な水分が出て味が入る　日本料理にはしょうゆという万能の調味料がありますが、フランス料理では味の基本は塩です。特に注目したいのは下味の塩。

キャロット・ラペ（p.90）やコールスロー（p.102）で、野菜を切ったら塩をふってよくもみ、しばらくおきます。すると水分が出て、次に入れるドレッシングの味がよく入ります。

うまみが凝縮する　農家の野菜スープ（p.34）やラタトゥイユ（p.64）では、野菜を鍋に入れたらすぐに塩をふります。水分が出て、うまみが凝縮すると同時に、野菜自身の水分で火を通すので野菜の味が際立ちます。プロの料理人は「材料を鍋に入れたら、とりあえず塩をふる」というくらい、下味の塩が素材のうまみを最大に引き出し、仕上がりのおいしさにつながります。

[タイミングで味が変わる]

味つけは、あくを取ってから　煮込みは、あくを取ってから調味します。最初は強火にかけて、早く沸騰させてあくを出し、取り除いてからコンソメやハーブを入れます。あくをしっかり取ると、雑味がないおいしい煮込みになります。

[切り方で味が変わる]

形や大きさをそろえるだけで　切るときに形や大きさをそろえると、火の入り方がそろって味も均等に入るので、格段においしくなります。サラダやあえ物では、盛りつけたときの姿を思い浮かべて、長さや幅をそろえると、見違えるほど魅力的になります。

[焼き方で味が変わる]

動かさない　焼き物や炒め物は、材料をフライパンに入れたら初めは動かさないのが原則です。こんがり香ばしい焼き色の焦げがおいしさのもと。箸などでいじっていると水分が出るばかりで、焼き色もつきにくい。揚げ物でも、一部の例外を除いて、油に入れたらさわらず、裏面が揚がったら1回返すだけです。

［素材のうまみを使い尽くす］

フライパンのこびりつきを捨てない　肉を焼くと、フライパンに肉汁がこびりつきます。この焦げにはうまみが凝縮しています。フライパンにワイン（または水）を入れて沸かし、木べらで焦げをこそげ落として、ソースに仕上げます。鶏手羽元のクリーム煮（p.29）やローストビーフ（p.50）、豚肉のビール煮（p.82）でこの方法を紹介しています。

［ハーブ二つでフレンチになる］

タイムとローリエだけ　ハーブが香りを驚くほど高めます。でも、さまざまな種類をそろえる必要はありません。家庭ではタイムとローリエで充分。ぐっと本格的なフレンチになります。フレッシュのものがより香りが高いのですが、常備するならドライが便利。あとはこしょうがあれば、おいしい洋食が作れます。

作りおき料理を身軽にするための知恵

［シンクにためない］

料理を始める前に、まずシンクの洗い物をかたづけます。ゆでたほうれん草をお湯ごとざるに上げたり、塩をしたにんじんを絞ったりと、シンクはもう一つの調理台。シンクに何もない状態から始めると、驚くほど料理がはかどります。

［使った器具はどんどん洗う］

使った器具をシンクに置いたままにすると、また必要になってもすぐに使えないし、調理の邪魔にもなるので、使ったらどんどん洗い上げていきます。鍋は、熱いうちだと簡単に汚れが落ちます。油を使わなかった器具は、洗剤なしでスポンジだけで汚れが取れます。ざるやボウルは、洗って水きりかごに上げておくと、次にすぐ使えます。

［一つの器具を使い回す］

ゆでる野菜がいくつかあるなら、一つの鍋であくの少ないものから順にゆでます。野菜を炒めるときは、切るそばからフライパンに。いちいちトレーやざるに上げません。フライパンで煮物も揚げ物もできるし、底にペーパータオルを敷けば蒸し器にもなります。普通のざるは、液体をこしたり、ゆでたじゃがいもを裏ごしするのにも使えます。

［調理器具は最小限］

調理器具を多種多様にそろえなくても、自分の手に合った重さや大きさの鍋などを上手に繰り回すほうが、ずっと効率的。

ボウルが足りなければどんぶりやお椀やカフェオレボウルを使います。サラダを作るとき、ボウルに野菜を入れて、別の器に準備しておいたドレッシングをあえるのではなく、ボウルにドレッシングの材料を混ぜて、そこに野菜を入れてあえたり、ボウルに野菜を入れて、そこに調味料をどんどん入れます。肉や魚に下味をつけるときは、買ってきたときの発泡スチロールのトレイを使います。無駄な動きを減らす工夫です。

［自分のちょうどよさを］

初めて作る料理なら、レシピに忠実に作ってみるのは大切なことです。でも、それはあくまでも目安で、調味料の分量や加熱時間など、だんだんと自分自身の「ちょうどよさ」を探っていけばいいと思います。

特に塩は銘柄によって塩辛さが違いますし、使う食材の状態でも加減は変わります。たとえばキャロット・ラペ（p.90）を作るとき、水分があるにんじんほど塩は少なくてすみます。最初は控えめに入れて、よくもんでから味をみてみます。物足りなければ足してください。

新しい料理を一度にたくさん試すより、計量スプーンに頼らなくてもおいしく作れるレシピを一つずつ増やしていくのが、身軽な料理へのいちばんの近道かもしれません。

素材別レパートリー

一つの食材で
いくつの料理ができるか、
献立力の基本です。

キャロット・ラペ

誰もがにんじん好きになる、フレンチの定番サラダ。
塩でよくもんで水気をしっかり絞るのがコツ

にんじん

1 基本のフランス風キャロット・ラペ
レモン汁で洗練された味わい

材料（2〜3人分）
にんじん　2本（400g）
塩　小さじ½〜1
A［レモン汁　½個分
　 オリーブ油　大さじ4

作り方
1 にんじんは皮をむいてせん切りにする。ボウルに入れて、塩を加えてよくもむ。5〜10分おいて水分を出し、ぎゅっと絞る。味をみて必要なら塩を足し、好みの塩加減に調える。
2 **1**のボウルに**A**の材料を順に入れて混ぜる。

2 タイ風キャロット・ラペ
ナンプラーとにんにくでエスニックに

材料（2〜3人分）
にんじん　2本（400g）
塩　小さじ½
A［にんにく（すりおろす）小1かけ分
　 砂糖　大さじ1
　 ナンプラー　小さじ1
　 レモン汁　½個分
パクチー　適量

作り方
1 にんじんは「基本のキャロット・ラペ」の作り方**1**を参照して準備する。ただし、ナンプラーに塩気があるので、塩は控えめに。
2 **1**のボウルに**A**の材料を順に入れて混ぜる。パクチーは茎を細かく刻み、葉はザクザク切って、混ぜる。

3 にんじんのナムル
ごま油とにんにくの風味

材料（2〜3人分）
にんじん　2本（400g）
塩　小さじ½
A［にんにく（すりおろす）小1かけ分
　 コチュジャン　小さじ1
　 ごま油　大さじ1
すりごま　大さじ1

作り方
1 にんじんは「基本のキャロット・ラペ」の作り方**1**を参照して準備する。ただし、コチュジャンに塩気があるので、塩は控えめに。
2 **1**のボウルに**A**の材料を順に入れて混ぜる。すりごまを加えて混ぜる。

4 モロッコ風キャロット・ラペ
魅惑的なクミンの香り

材料（2〜3人分）
にんじん　2本（400g）
塩　小さじ½〜1
A［クミンシードまたはクミンパウダー　適量
　 レモン汁　½個分
　 オリーブ油　大さじ4
くるみ　適量

作り方
1 にんじんは「基本のキャロット・ラペ」の作り方**1**を参照して準備する。
2 **1**のボウルに**A**の材料を順に入れて混ぜる。くるみを刻んで混ぜる。

MEMO
・エキストラバージンオリーブ油を使う場合は苦みがあるので、サラダ油と半々にしてもいい。
・せん切りは、専用スライサーを使うと早いだけでなく、包丁で切るよりドレッシングがしみやすい。
・にんじんによって、塩をしたあと水分が出るまで時間がかかることがある。水分を充分出して、しっかり絞るのがポイント。
・レーズンやナッツを入れてもおいしい。

材料（3〜4人分）

にんじん　2本（400g）
玉ねぎ　½個
バター　40g
塩　適量
コンソメキューブ　1個
牛乳　100mℓ
生クリーム（好みで）　適量
砂糖（好みで）　適量

作り方

1 にんじんは皮をむき、薄い輪切りに。玉ねぎは繊維にそって薄切りにする。
2 鍋にバターをとかし、玉ねぎを入れて塩ふたつまみをふり、中火でじっくり火を通しながら炒める。透き通ってきたら、にんじんを入れて炒める。
3 水を材料がすっかりかぶるくらい入れて、煮立ったらあくを取り、コンソメキューブを入れて煮る。にんじんが指で抵抗なくつぶせるやわらかさになるまで煮る。やわらかくなる前に水分がなくなったら、水を足す。
4 水気がなくなったら、ミキサーに入れて牛乳を加え、なめらかにする。ざるで鍋にこし入れて沸騰させる。味をみて、甘みが足りなければ砂糖で味を調える。器に盛って、好みで生クリームを流す。

MEMO
牛乳の量の⅓くらいを生クリームにすると、こくが出る。

にんじんのポタージュ

にんじんってこんなに甘かった？と、子どもにも大人気。じゃがいもやかぼちゃにも応用できるレシピ

にんじんのグラッセ

**バターの豊かな風味で大人にも好評。
たっぷり作ってどっさり食べて**

材料（3〜4人分）
にんじん　2本（400g）
砂糖　大さじ3
バター　20g

作り方

1 にんじんは皮をむいて6〜7㎜厚さの輪切りにする。鍋に入れ、にんじんがすっかりかぶるくらいに水を入れ、砂糖を加えて強火にかける。煮立ったらあくを取り、火加減を中〜弱火にして、にんじんがやわらかくなるまで煮る。約20分が目安。やわらかくなる前に水分がなくなったら、水を足す。

2 水気がほとんどなくなったら、バターを加えて（写真右）、からめるように軽く煮る。

玉ねぎ

材料（3〜4人分）
玉ねぎ　2個
塩　ひとつまみ
オリーブ油または
　サラダ油　適量
コンソメキューブ　1個
塩、こしょう　各適量
イタリアンパセリ　適量
パルメザンチーズ　適量

作り方
1 このページ下の「あめ色玉ねぎの作り方」を参照して、玉ねぎをあめ色に炒める。
2 あめ色玉ねぎに水400mℓとコンソメキューブを入れて火にかける。煮立ったら、さらに5分煮て、塩、こしょうで味を調える。
3 器に盛ってイタリアンパセリとパルメザンチーズを添える。

オニオンスープ

あめ色玉ねぎの
とろけるうまみで、心温まるスープ

分が出てきたら、色づくまでは火にかけたままほうっておいて大丈夫。色づきはじめたら、フライパンのへりについた焦げを玉ねぎでこすり落とすようにしながら混ぜる。さらに炒めて、全体がこげ茶色になるまで炒める（写真右）。

作りおきするとき
冷凍できる。小分けにして、密封袋に入れて平らにならす。使うときは電子レンジで解凍。

材料（2〜3人分）
玉ねぎ　1個
塩　少々
オリーブ油
　またはサラダ油　適量
食パン（8枚切り）　2枚
アンチョビ（フィレ）4〜5枚
オリーブ（種抜き）　5〜6粒
オリーブ油　適量

作り方
1 このページ下の「あめ色玉ねぎの作り方」を参照して、玉ねぎをあめ色に炒める。アンチョビをのせるので、塩は控えめに。
2 食パンを食べやすい大きさに切って、1のあめ色玉ねぎをぬり、アンチョビと輪切りにしたオリーブをのせる。オリーブ油をかけて、オーブンかオーブントースターできれいな焼き色がつくまで約5分焼く。

MEMO
パーティに出すなら、食パンの耳を切るとエレガント。

ピサラディエール

前菜にもなる大人のピザ。ピザソースのあめ色玉ねぎが、アンチョビの塩気と相性ぴったり

あめ色玉ねぎの作り方

材料（作りやすい分量）
玉ねぎ　3個
塩　ひとつまみ
オリーブ油
　またはサラダ油　適量

作り方
1 玉ねぎを薄切りにする。浅い耐熱皿に広げてラップをかけ、電子レンジで透明になってしんなりするまで加熱する。600Wで約4〜5分。
2 油をひいたフライパンに玉ねぎを入れ、塩をふって炒める。火加減は中火。玉ねぎから水

ケーク・サレ

冷蔵庫にあるもので作れる、塩味のおかずケーキ。
今日のレシピは玉ねぎたっぷり。ホットケーキミックスで手軽に

材料（直径18cmのケーキ型1台分）

玉ねぎ　1個
ほうれん草　½束
ベーコン（薄切り）　4〜5枚
塩、こしょう　各適量
サラダ油　適量
生地
ホットケーキミックス　150〜200g
卵　1個
牛乳　80〜100mℓ

作り方

1 ほうれん草はゆでて水にさらし、水気を絞って2cm長さに切る。ベーコンは細切りにする。
2 玉ねぎは薄切りにし、油をひいたフライパンに入れて、塩をして弱火でじっくり炒める。ベーコンとほうれん草を加えて、軽く炒める。
3 生地を作る。ホットケーキミックスに卵と牛乳を混ぜ、タラタラ落ちるくらいのやわらかさにする。**2**を加え、こしょうをふって、バターかサラダ油（分量外）をぬった型に流し入れる。トントンと生地を落ち着かせて、200℃に温めておいたオーブンで約15分焼く。

MEMO

牛乳はやわらかさをみながら加えていく。ホットケーキを作るときより、ややかための生地に仕上げるといい（写真下）。

材料（4人分）
玉ねぎ　4個
ベーコン（薄切り）　2枚
コンソメキューブ　1個
塩、こしょう　各適量

作り方
1 玉ねぎは皮をむき、根元を薄く切り取る。ばらけないよう、芯は残す。
2 1個ずつラップに包んで、電子レンジで加熱する。4個の場合、加熱時間の目安は600Wで5〜6分。表面を押してみて、やわらかくなっていたらOK。くずれそうになったら、ばらけないようにつまようじでとめる。
3 鍋に玉ねぎを入れ、水をかぶるくらいまで注ぐ（写真右）。コンソメキューブを入れて火にかけ、煮立つまでは強火、煮立ったら弱火にして5〜6分煮る。
4 ベーコンを細切りにして加え、さっと煮る。スープの味をみて、足りなければ塩を加える。こしょうをふる。

玉ねぎ丸ごとスープ

玉ねぎの滋味がスープにしみ込んで、スプーンですくえるくらいやわらかい。スープで煮る前に電子レンジで時間短縮

じゃがいも

ポテトサラダ

手作りのマヨネーズで、いつものサラダが特別な一品に。マヨネーズ作りは思ったより簡単

材料（4〜5人分）

じゃがいも　5個
きゅうり　1本
酢　大さじ1
塩、こしょう（好みで）　各適量
さけフレーク（瓶詰）　大さじ2〜3
マヨネーズ
- 卵黄　1個分
- マスタード　大さじ1
- 酢　大さじ1
- 塩、こしょう　各適量
- サラダ油　100mℓ

作り方

1 じゃがいもは洗って、皮つきのまま1個ずつラップで包み、電子レンジでやわらかくなるまで加熱する。600Wで6〜8分。途中で上下を返したり位置を入れ替えたりして、均等に熱を入れる。

2 きゅうりは皮を縞目にむいて薄く輪切りにし、塩を軽くふってもむ。2〜3分おいて、水分を絞る。

3 マヨネーズを作る。卵黄、マスタード、酢、塩、こしょうをボウルに入れて泡立て器でよく混ぜ合わせる。サラダ油を糸のように少しずつたらしながら、休みなく混ぜ合わせる。

4 **1**のじゃがいもは熱いうちに皮をむき、酢を加えて粗くつぶす。**3**を加えて混ぜ、きゅうりを加え、好みでこしょうをふる。盛りつけて、さけフレークをかける。

MEMO

・じゃがいもは、メークインでも男爵でも。
・酢は、穀物酢でもワインビネガーでも。

フライドポテト

フランス人が大好きな揚げじゃがいも。
さまざまな切り方で、おつまみに、おやつに、付け合わせに

拍子木切り、皮つきくし形の場合

二度揚げで、中はほくほく、
外はカリッと

1 じゃがいもはきれいに洗って切り、10分くらい水にさらし、ペーパータオルなどで水気をよく取る。くし形は、皮をむかない。

2 サラダ油を火にかけ、160℃の低温でゆっくり揚げる。くしで刺して楽に通るようになったら、取り出す。色はついていなくていい。

3 冷ましてから、180℃よりやや高温の油で、香ばしい色にさっと揚げる。揚げたてに塩をふる。

写真は、右上から時計回りに、
薄切り、拍子木切り、
ポムパイユ、皮つきくし形、細切り。
切り方によって揚げ方も違う

薄切り、細切りの場合

サクサクの歯ごたえを目指して

1 じゃがいもは切ったら、10分くらい水にさらしてから、ペーパータオルなどで水気をよく取る。

2 180℃に熱したサラダ油に入れ、揚げる。これらの切り方は焦げやすいので、箸でかき混ぜながら、薄いきつね色に揚げる。途中で高温になりすぎないように、火加減を調節する。揚げたてに塩をふる。

ポムパイユの場合

フランス語で藁（わら）の意味。
その名のように、スライサーで
ごく細く切って揚げる。
魚のソテーの上に飾ることが多い

1 じゃがいもは切ったら、10分くらい水にさらしてから、ペーパータオルなどで水気をよく取る。

2 180℃に熱したサラダ油に入れる。一度に揚げる量は、じゃがいも半個分ずつ。入れたら箸で油一面に広げ、あとはいじらないでほうっておくと、1本1本がくっつかずにきれいに揚がる。揚げたてに塩をふる。

ソース2種

ひと味違うソースが
フライドポテトに新しい味わいを。
ともに材料を混ぜるだけ

オーロラソース（写真上）

ブランデーで、大人の風味

マヨネーズ　大さじ4
ケチャップ　大さじ1
ブランデー　小さじ1/3

マスタードソース（写真下）

甘酸っぱいおいしさが、あとをひく

マヨネーズ　大さじ4
マスタード　大さじ1
砂糖（練乳でもいい）　小さじ1/2

じゃがいものピュレ

クリーミーでふんわり。魚や肉料理の付け合わせにもいいし、これだけでも立派な野菜料理

材料（4〜6人分）
じゃがいも（メークイン）
6個（800〜900g）
塩　適量
バター　40g
牛乳　300㎖

作り方

1 じゃがいもは皮をむいて適当な大きさに切る。鍋に入れて、じゃがいもがすっかりかぶるくらいの水を入れ、塩をひとつまみ入れてゆでる。ナイフなどの先で刺して抵抗なくすっと通るくらいにやわらかくなったら、ざるにとり、熱々のうちにスプーンで押しつぶしながら鍋にこし入れる。

2 **1**が熱いうちにバターを加え、弱火にかけてバターをとかしながら、牛乳を何回かに分けて入れ、木べらで混ぜてなじませる。最後にポコポコと沸かして火を止める。

MEMO

・じゃがいもは、男爵だと仕上がりがさらさらするので、メークインのほうが合うと思う。
・牛乳は少しずつ加えて、好みのやわらかさ加減にする。このレシピは、皿に置いたとき形が残るよう、ややかために仕上げているが、左ページのアッシ・パルマンティエには牛乳を多くしてゆるめに仕上げ、とろけるような食感にした。

作りおきするとき

冷凍できる。小分けにして、密封袋に入れて平らにならす。使うときは電子レンジで解凍。

材料（5〜6人分）

じゃがいものピュレ

- じゃがいも 6個（800〜900g）
- 塩　適量
- バター　40g
- 牛乳　350㎖

ミートソース（作りやすい分量）

- 合いびき肉　300g
- 玉ねぎ　1/2個
- にんじん　1/4本
- にんにく　1かけ
- 塩、こしょう　各適量
- オリーブ油または サラダ油　適量
- 赤ワイン　100㎖
- トマト缶　1缶（400g）
- コンソメキューブ　1個
- タイム、ローリエ　各適量
- ケチャップ　大さじ2

ピザ用チーズ　適量

作り方

1 じゃがいもは、右ページの作り方を参照してピュレにする。

2 ミートソースを作る。玉ねぎと皮をむいたにんじんは粗みじん切り、にんにくはみじん切りにする。

3 鍋に油をひき、**2**を入れて、塩をひとつまみふり入れて炒める。しんなりしたらひき肉を入れて塩、こしょうして炒め、肉の色が変わったら赤ワインを加えてアルコール分を飛ばす。

4 トマトをつぶしながら、汁ごと入れる。煮立ったらあくを取り、コンソメキューブを入れて、あればタイムとローリエを入れて、煮る。ときどき、トマトをつぶしながらかき混ぜる。煮つまってきたら、ケチャップを入れる。

5 耐熱皿に**4**を敷き、じゃがいものピュレをのせる。ピザ用チーズをたっぷりふって、230℃に温めておいたオーブンで、約10分焼く。

アッシ・パルマンティエ

煮込んだひき肉をじゃがいものピュレで覆ったグラタン。フランス人の誰もが愛する家庭料理

MEMO

・ピュレとミートソースとの割合は、4：1くらいがおいしい。上の分量で作ったミートソースの、およそ1/3を使う。残りは、冷凍保存に。

・パルマンティエは、じゃがいもの食用をフランスに広めた18〜19世紀の薬学者の名前。フランスには、彼の名がついたじゃがいも料理が数々ある。

作りおきするとき

・焼く前でもあとでも、冷蔵保存できる。焼く前の場合は、チーズはふらずに。食べるときに、電子レンジで温めてからチーズをふってオーブンへ。

・ミートソースの解凍は電子レンジで。

キャベツ

コールスロー

**レモン汁とマヨネーズでぐっとおいしく。
その日でも翌日でも次の日でも、それぞれにいい味**

材料（2〜3人分）

キャベツ　¼個
（または大きい葉5〜6枚）
塩　小さじ½〜1
ハム（スライス）　4枚
レモン　½個
マヨネーズ　大さじ2〜3
こしょう（好みで）　適量

作り方

1 キャベツは細切りにして、塩をふってよくもみ、5〜10分おいておく。ハムは細く切る。

2 キャベツの水気をしっかり絞る。ボウルに入れ、レモンをしぼり、ハムとマヨネーズを加えて混ぜる。好みでこしょうをふる。

MEMO

塩は種類によってしょっぱさがかなり違うので、まず控えめに入れてよくもんでから、味をみて、物足りなければ足す。

シュークルート

フランス・アルザス地方の伝統的な家庭料理。本来は発酵キャベツを使うが、生のキャベツを塩と酢でマリネしてアレンジ

材料（3〜4人分）

キャベツ　¼個
（または大きい葉5〜6枚）

A
- 塩　小さじ½〜1
- 酢　50mℓ

にんじん　1本
じゃがいも　2個
ベーコン（かたまり）　150g
ソーセージ　1パック
煮汁
- 白ワイン　100mℓ
- 酢　100mℓ
- コンソメキューブ　1個
- こしょう　適量

タイム、ローリエ　各適量

作り方

1 キャベツは細切りにして、Aを加えてよくもみ、20〜30分おく。

2 にんじんは皮をむいて4等分、じゃがいもは皮をむいて2〜4等分に、それぞれ切る。ベーコンは厚めに四角く切る。鍋に1を汁ごと入れ、にんじん、じゃがいも、ソーセージ、ベーコンを入れて、煮汁の材料を加える。水をひたひたまで入れ、タイムとローリエを入れて、ふたをして中〜強火で煮る。

3 水分がなくなってにんじんやじゃがいもに火が通ったら、味をみて、物足りなければ酢と塩（各分量外）を足して味を調える。

メンチカツ

キャベツをたっぷり入れて、ボリュームがあるのに
軽い食べごたえ。キャベツを入れる前にひき肉をよく練って

材料（4個分）

キャベツ　1/6個
（または大きい葉2〜3枚）
合いびき肉　350g
玉ねぎ　1/4個
卵　1個
パン粉（生でもドライでも）
大さじ2
牛乳　大さじ2
塩、こしょう　各適量
衣
小麦粉、とき卵、パン粉
各適量
サラダ油　適量
中濃ソース　適量

作り方

1 キャベツは粗みじんに切る。玉ねぎは粗みじんに切って耐熱皿に入れ、ラップをかけて電子レンジでしんなりするまで加熱する。600Wで約2分。

2 ボウルに合いびき肉、玉ねぎ、卵、パン粉、牛乳を入れて塩、こしょうし、よく練り混ぜる。キャベツを入れて混ぜる。

3 **2**を四つに分け、両手でたたくようにしながら楕円形に形作る。小麦粉をまぶしてとき卵にくぐらせ、パン粉をつける。180℃の油で揚げる（写真右）。

4 皿に盛りつけ、中濃ソースをかける。

MEMO

・写真では、レタスをちぎって添えた。

・**2**で、たねをよく練ったあとにキャベツを混ぜると、たねがまとまりやすい。

・揚げ油は、少ない分量でも、動かさないで、じっくり揚げれば、カリッと仕上がる。

材料（3〜4人分）
キャベツ　¼個
（または大きい葉5〜6枚）
玉ねぎ　1個
にんじん　⅓本
じゃがいも（メークイン）　2個
ベーコン（薄切り）　4〜5枚
白ワイン　100㎖
コンソメキューブ　1個
タイム、ローリエ　各適量
塩、こしょう　各適量
オリーブ油または
サラダ油　適量

作り方
1 キャベツはざく切りにする。芯は薄切り。玉ねぎはくし形に切る。にんじんは皮をむいて2〜3㎜幅の輪切りに、じゃがいもは皮をむいて、にんじんより厚めに輪切りにする。ベーコンは3〜4㎝幅に切る。
2 鍋に油をひき、キャベツ、玉ねぎ、にんじん、じゃがいも、ベーコンの順で適量ずつ入れていき、材料がなくなるまで繰り返す。白ワインを注ぐ。コンソメキューブをくずして入れ、タイム、ローリエ、こしょうを入れ、ふたをして弱火で煮る。野菜がやわらかくなるまで、ずっと弱火でおよそ1時間。途中で煮つまったら、水を少量足す。最後に味をみて、塩味が薄ければ塩で味を調える。

キャベツとベーコンのブレゼ

キャベツをじっくり蒸し煮に。
野菜のおいしさがギュッと詰まった一品

トマト缶

ハヤシライス

市販のルーも小麦粉も使わずに、トマト缶と中濃ソースで
ナチュラルでさらっとした口当たり

材料（5〜6人分）

トマト缶　2缶（800g）
牛薄切り肉　400g
玉ねぎ　大1個
オリーブ油または
　サラダ油　適量
塩、こしょう　各適量
コンソメキューブ　1個
ケチャップ　大さじ2〜3
中濃ソース　大さじ3〜4
砂糖　適量
ご飯、パセリ　各適量

作り方

1 玉ねぎは、食感を残したいので繊維に直角に5〜6㎜幅に切る。牛肉は4〜5㎝長さに切る。フライパンに油をひいて牛肉を入れ、塩をひとつまみふって炒める。ほぼ色づいたら玉ねぎを加えて、軽く炒める。

2 トマトを汁ごと入れる。水200㎖を足して強火にし、煮立ったらあくを取る。コンソメキューブを入れて、ふたをして中火で煮込む。

3 煮つまったらケチャップと中濃ソースを加えて味を調える。トマトの酸味が強ければ、砂糖を加える。こしょうをふる。

4 ご飯を盛りつけて**3**を添え、パセリを刻んでご飯に散らす。

MEMO

トマト缶には、丸ごと入ったホールタイプと、ざく切りのカットタイプがある。ホールタイプの場合は、作り方**2**でつぶしながらフライパンに入れる。カットタイプの場合はそのまま入れて、形が残ったまま仕上げていい。

冷製トマトスープ

完熟トマトを、
冷たくさっぱりしたスープにして楽しむ

材料（4人分）
トマト缶　1缶（400g）
玉ねぎ　½個
オリーブ油　大さじ1
塩、黒こしょう　各適量
コンソメキューブ　1個
牛乳　400mℓ
ワインビネガー
（白、赤どちらでも）　大さじ1
砂糖　適量
パセリ、クルトン　各適量

作り方

1 玉ねぎは薄切りにする。鍋に油をひいて玉ねぎを入れ、塩をひとつまみふって炒める。透き通ってきたら、トマトを汁ごと入れる。ホール缶の場合は、つぶしながら入れる。コンソメキューブと水約200mℓを加えて煮る。

2 水分が飛んで煮つまったら、牛乳を加えて、ミキサーかブレンダーでピュレ状にする。

3 ワインビネガーを入れて、味をみて塩、こしょうで味を調える。酸味が強ければ、砂糖を加える。刻んだパセリとクルトンを飾る。

MEMO

・ミキサーやブレンダーがなければ、ざるでこす。

・ワインビネガーの代わりに米酢でもいい。米酢はワインビネガーより酸味が強いので、半量にする。

・きゅうりやセロリを刻んで浮かべてもおいしい。

ゆで卵とゆで野菜のサラダ、オランデーズソース

卵黄とバターを合わせたリッチなソースで、サラダがすてきなごちそうに

材料（2人分）

卵　2個
アスパラガス　6本
オランデーズソース
- バター　40g
- 卵黄　1個分
- 塩、こしょう　各適量
- レモン汁　小さじ1

作り方

1 卵は沸騰した湯に入れて6〜7分ゆで、半熟にする。アスパラガスは根元に近いかたい皮をピーラーでむいて、2等分してゆでる。

2 オランデーズソースを作る。鍋に熱湯を沸かす。ボウルにバターを小さく切って入れ、鍋に重ねてバターをとかす。とけたら鍋からはずす。

3 別のボウルに卵黄を入れて水大さじ1を加え、塩、こしょうする。沸騰している鍋に重ねて温めながら、泡立て器でふんわりするまで混ぜる。ここに2のとかしバターを少しずつ加えて、泡立て器でもったりするまで混ぜる。レモン汁をしぼる。

4 ゆで卵とアスパラガスを器に盛り、ソースをかける。

MEMO

3でバターを加えたあと、火を通しすぎるとダマになる。ダマになりそうになったら、火からはずして混ぜる。

プリン

手作りプリンは混ぜ物なしだから、卵のおいしさがダイレクト。蒸し器やオーブンを使わなくても作れる

材料（3〜4人分）

プリンの生地（基本の分量）
- 卵　3個
- 牛乳　400mℓ
- 砂糖　40g
- バニラエッセンスまたはバニラオイル　2〜3滴

カラメルソース
- 砂糖　大さじ3

作り方

1 カラメルソースを作る。小鍋に砂糖を入れ、水小さじ2を砂糖全体がぬれるようにかけて、中火にかける。ブクブク泡立って、色づくにつれて泡が大きくなる。こげ茶色になったらすぐに火を止めて、水小さじ1を加えて、余熱で火が通るのを止める。器に流す。

2 プリンの生地を準備する。鍋に牛乳と砂糖を入れて火にかけ、砂糖がすっかり溶けたら火を止める。

3 卵をボウルに入れてよくほぐし、**2**を加えながらよく混ぜ、バニラエッセンスを加える。ざるでこし、**1**の器に入れる。

4 フライパンか鍋にペーパータオルを敷いて、器を並べる。これは、器が鍋底の熱に直接当たらないようにするため。器の1/3くらいがつかる湯を入れてふたをする。水滴が落ちないように、ふたはタオルなどでくるむ。湯がフツフツ沸く火加減で蒸す。蒸し時間は器の大きさや数で違うが、10〜20分くらい。器をそっと動かして、生地の中心部分が揺れなければ蒸し上がっている。

MEMO

・カラメルソースを作るとき、水が砂糖全体に混ざってから火にかける。水にぬれていないところがあると、そこから焦げやすくなる。

・バニラビーンズを使うときは、**2**で砂糖とともに入れる。さやを包丁で縦に切って種をこそげ入れ、さやも入れる。

この本の読み方

この本ではまず、志麻さんがそれぞれの家庭の冷蔵庫を開けた瞬間に、頭の中で錯綜する「献立」と「段取り」の思考回路をじっくり楽しんでいただけたらと思います。次に、各家庭で作った十数点の料理の中から3品をクローズアップして、丁寧なレシピを掲載しています。これらは、志麻さんの「お客さま人気ベスト15品」の中から選びました。後半には、献立のレパートリーが広がるように、素材別で料理を紹介しています。にんじん、玉ねぎ、じゃがいも、トマト缶など、どなたの台所にもある食材です。これらも、お客さまからのリクエストが多いものを厳選しましたので、今晩すぐに役立つレシピ集です。すべてのレシピが、身近な食材と道具、びっくりするくらい少ない調味料で作れます。

わが家に志麻さんが来てくれることはかなわなくても、志麻さんが伝えたい、シンプルで気取らないけどとびきりにおいしい、プレミアムな家庭料理が、あなたの食卓に届くことでしょう。

さまざまな家族構成のお家に同行取材して感じるのは、依頼主のかたがたの志麻さんへの信頼感と、志麻さんの一品一品丁寧に料理に向き合う真摯な姿勢でした。
- 子どもたちのとっさのオーダーにもすぐさま笑顔で応じるホスピタリティと瞬発力
- 調理器具の少ない家でも、いっさい泣き言を言わずに調理するプロ意識
- 「食材を均等に切ることがおいしさの原点」と、丁寧に包丁を入れる基本に忠実な姿
- 少ない油でもおいしくできるメンチカツやコロッケのテクニック
- 料理しながら、どんどんキッチンをかたづけていく機敏な手際

3時間という制約の中で、連続写真のように次々でき上がるレシピに驚きを感じずにはいられませんでした。

志麻さんのご自宅に伺い、ご主人と一緒に食べた料理は忘れられません。お米のサラダ、タンドリーチキン、ハンバーグ、鶏のクリーム煮、大きいプリン……どれもが実においしい。丁寧な家庭料理の数々が小さい台所でこうも手早くできるのか。これは完成形のレシピだけでなく、冷蔵庫にあるもので限られた時間においしくできるプロのプロセスのコツを家庭で再現できる仕組みの本にしようと決めたのでした。

最後に、タスカジ社長の和田幸子さんと広報担当の平田麻莉さんにはスケジュール調整をはじめ、さまざまなご協力をいただいたことを感謝します。ありがとうございました。

編集担当　寺田

［著者］
志麻（しま）

大阪あべの・辻調理師専門学校、同グループ・フランス校を卒業。ミシュランの三ツ星レストランでの研修を修了して帰国後、老舗フレンチレストランなどに15年勤務。結婚を機に、フリーランスの家政婦として活動開始。各家庭の家族構成や好みに応じた料理が評判を呼び「予約がとれない伝説の家政婦」としてメディアから注目される。NHK「プロフェッショナル 仕事の流儀」でその仕事ぶりが放映され、年間最高視聴率を記録。出版したレシピ本は続々ベストセラーとなり、著者累計105万部を突破。『志麻さんのプレミアムな作りおき』で料理レシピ本大賞 in Japan 2018 料理部門入賞、『志麻さんの気軽に作れる極上おやつ』で料理レシピ本大賞 in Japan 2020 おやつ部門準大賞を受賞。

現在は家政婦の仕事に加えて、料理イベント・セミナーの講師や、地方の特産物を活かしたレシピ考案など多方面で活動中。

【公式ホームページ】

https://shima.themedia.jp/

志麻さんのプレミアムな作りおき

2017年９月６日　第１刷発行
2020年10月30日　第19刷発行

著　者――志麻
発行所――ダイヤモンド社
〒150-8409　東京都渋谷区神宮前6-12-17
https://www.diamond.co.jp/
電話／03·5778·7233（編集）　03·5778·7240（販売）
装丁――白石良一　今泉友里（白石デザイン・オフィス）
写真――新居明子
取材・執筆――艸場よしみ
スタイリスト――中安章子
校正――山脇節子
構成――二宮信乃
製作進行――ダイヤモンド・グラフィック社
印刷――加藤文明社
製本――ブックアート
編集担当――寺田庸二

ISBN 978-4-478-10246-6